日本九州大學
文學部書庫漢籍目錄

周彥文 著

圖書與資訊集成
文史哲出版社 印行

國立中央圖書館出版品預行編目資料

日本九州大學文學部書庫漢籍目錄 / 周彥文著.
-- 初版. -- 臺北市：文史哲，民84
　面；　公分. -- (圖書與資訊集成；20)
ISBN 957-547-976-9(平裝)

1. 善本書目錄　2. 圖書館目錄

014.1　　　　　　　　　　　　　　　　84010640

圖書與資訊集成　⑳

日本九州大學
文學部書庫漢籍目錄

著　　作：周　　彥　　文
出 版 者：文 史 哲 出 版 社
登記證字號：行政院新聞局局版臺業字五三三七號
發 行 人：彭　　正　　雄
發 行 所：文 史 哲 出 版 社
印 刷 者：文 史 哲 出 版 社
　　　　　臺北市羅斯福路一段七十二巷四號
　　　　　郵撥〇五一二八八一二　彭正雄帳戶
　　　　　電話：(〇二)三五一一〇二八

實價新台幣三四〇元

中 華 民 國 八 十 四 年 十 月 初 版

日本九州大學文學部書庫漢籍目錄

目　錄

日本九州大學文學部所藏中國古籍敘錄

一、前 言

　　日本九州大學歷史悠久，收藏中國古籍十分豐富。就文學部書庫所藏而論，清末以前（以西元1911年爲下限）在中國出版的古籍共約有一千四百部；其中明版約佔十分之一強，有一百四十餘部；其餘皆爲清版。①

　　雖然文學部書庫所藏並沒有宋元版書籍，但是各個圖書館的功能各不相同，就一個不以收藏善本古籍爲職志的大學學部圖書館而言，能有如此眾多的明清版藏書，已是十分不易；若再加上古版朝鮮刻本、和刻本，以及近代的出版書籍，這個圖書館的藏書已可謂是洋洋大觀了。

二、藏書的類別和種數

　　現在以《四庫全書總目》的分類法來類別這些中國古籍，它的分類和種數如下表：

部　名	類　　名	種　數
	易	6
	書	11
經	詩	23
	禮	13
	春　秋	7
部	五經總義	27

	四　書	12
	小　學	37
史	正　史	27
	編　年	30
	紀事本末	6
	別　史	29
	雜　史	18
	詔令奏議	10
	傳　記	39
	史　鈔	1
	載　記	2
	時　令	1
	地　理	417
	職　官	3
部	政　書	25
	目　錄	46
	史　評	7
子	儒　家	35
	兵　家	4
	法　家	4
	醫　家	1
	天文算法	2
	藝　術	6
	譜　錄	4
	雜　家	115
	類　書	22
部	小　說　家	28
	釋　家	10
	道　家	13
集	楚　辭	9
	別　集	186
	總　集	57
部	詩　文　評	13
	詞　曲	24

以這個分類表來看，史部書籍共661種，所佔份量最多；其次是集部書，共289種，佔第二位；再次是子部書，共244種，佔第三位；最少的是經部書籍，只有136種。若以類別而論，地理類的書籍最多，共417種；其次是別集類，共186種；再次是雜家類，共115種；其餘的都在數十種以下。②

三、分類統計表與藏書特質間的認知問題

可是這個統計數字並不能代表、也不能真實呈現出九州大學文學部師生使用這些圖書的情形。例如說，佔了最大藏書比例的是地理類中的方志，但這並不表示文學部師生最常使用方志方面的書籍；而方志的研究，也非九州大學文學部的擅場。跟據這些方志書首所鈐印的購藏章，它們絕大部份都是在昭和元年到昭和二十年（西元1926年到1945年）之間被購入九州大學的，其中又以昭和十年左右購入的最多。這一段時間，正是日本帝國侵華最積極的時期。購藏方志以瞭解中國的地理要衝和風土民情，是日本軍閥侵華的手段之一。③所以與其說這批方志是學術上的收藏，倒不如說是歷史上的遺產。至少，這些方志藏書和文學部各系所當前的研究方向是毫不相關的。

而相對的，這個分類統計表也不能表現出這座書庫的藏書特色。以中哲研究所為例，該所為研究宋明理學之重鎮，並旁及先秦諸子。照理說，我們應該在這份藏書目錄上可以看到許多隸於子部、義理方面的書籍。但是目錄中的子部儒家類藏書，只有35種；雜家類雖有115種，但是若以《四庫全書總目》的分類標準來判別，屬於諸子之學的「雜學之屬」的書籍尚不到二十種。④乍看之下，似乎這座書庫在上述學術範疇內的藏書十分貧乏，可是實情並非如此。事實上，它典藏了很多先秦諸子宋明理學家的著作集，這些著作集對於該研究所

的研究工作有十分重要的影響。然而，在目錄的分類上，這些書籍是
隱含在雜家類的雜編之屬——即叢書，以及集部的別集類或總集類中。
以集部別集類為例，單是朱熹的著作就有七種：

晦庵先生朱文公文集100卷續集10卷別集10卷　明天順4年(1460)刊本

朱子文集100卷續集11卷別集10卷　明嘉靖11年（1532）刊本

晦庵先生朱文公續集10卷　明刊本

晦庵先生朱文公文集100卷　清康熙27年（1688）刊本

朱子文集100卷續集11卷別集10卷　清同治12年（1873）刊本

朱子全書66卷　清光緒10年（1884）刊本

朱子遺書12種　清刊本

王守仁的著作則有九種：

陽明先生文錄4卷詩錄4卷　明嘉靖9年（1530）刊本

陽明先生文錄5卷外集9卷別錄10卷　明嘉靖15年（1536）刊本

王文成公文選8卷　明崇禎6年（1633）刊本

陽明先生正錄5卷別錄7卷　明崇禎7年（1634）刊本

陽明先生集要三篇三種15卷　明嘉靖8年（1635）刊本

王陽明先生全集22卷　清康熙19年（1680）刊本

王陽明先生文鈔20卷　清康熙28年（1689）刊本

王陽明先生全集16卷　清道光6年（1826）刊本

王文成公全書38卷　清刊本

其它宋明理學家的著作更是十分繁富，在集部別集類186種書籍中，
有關宋明理學家的文集大約佔一半以上，蒐羅不可謂不完備。若非熟
知各部書籍的內容，單從目錄上來看，是無法窺知這項藏書特色的。

可是這項分類統計，卻從正統的目錄學角度量化了該書庫的藏書。
它提供了一項數量上的依據，可以使漢學的研究者窺知九州大學漢籍
藏書的類別和種數。若再配合每一部書的版本記錄，即可構成一份完

整的研究基本資料。

四、版本上的價值判別取向

　　此書庫的中國古籍以清版爲主，佔十分之九；其餘皆爲明版，佔十分之一。以一般的版本學標準來看，宋元版方爲善本，明清版只居其次。但是這種佞宋癖元的版本判別標準，多是以古董價值來論，而非以學術價值來論的。古董的價值取決於時間，但是學術的價值卻取決於內容。一部校勘精審、收錄完備的明清版書，必定要比一部訛誤滿紙、殘闕不全的宋元版書有價值得多。再者，當代人刻梓當代人的著作，是要比後代人刻梓前代人的著作有價值得多；因爲就常態上來說，前者應該是更接近原著的。

　　準此而論，此書庫的藏書版本問題，不可以有無宋元版來判別其價值高下。而應以其所藏明清版的內容來看。此處所藏的明版書，以明人所著或所編的詩文集爲最多，而九州大學在購藏這些詩文集時，又以明代的理學家爲主要對象。若以類別來分，它們多屬於子部儒家類、集部別集類、集部總集類。至於清版，則以清人詩文別集、總集，以及清人所編的叢書爲主。可以很明顯的看出，當初在購藏圖書時，是頗注意到文學部側重宋明理學及文學的發展特色的。尤其是所有的明版書中，有三分之一是和宋明理學有關的書籍，就版本的學術價值而論，可以說是頗具特色的一批收藏。

　　舉例來說，上節所述王守仁的著作中，就有二部明代嘉靖版的刊本。此外，與原作者的時代相去不遠的明版明人著作，在集部中如：

　　　篁墩程先生文集93卷外集2卷雜著10卷別集2卷　程敏政撰　正德
　　　　2年（1507）刊本
　　　甘泉先生文錄類選21卷　湛若水撰　嘉靖8年（1529）刊本

　　　舒梓溪集10卷　舒芬撰　嘉靖32年（1553）刊本

　　　涇野先生文集36卷　呂柟撰　嘉靖34年（1555）刊本

　　　歐陽南野先生文集30卷　歐陽德撰　嘉靖37年（1558）刊本

　　　念菴羅先生文集13卷　羅洪先撰　嘉靖43年（1564）刊本

　　　弇州山人四部稿174卷　王世貞撰　萬曆5年（1577）世經堂刊本

　　　李氏焚書6卷　李贄撰　萬曆間刊本

在子部中，則如：

　　　初潭集28卷　李贄撰　萬曆間刊本

　　　醒世恆言40卷　馮夢龍撰　天啓7年（1627）刊本

　　　五朝小說357卷　馮夢龍編　明末心遠堂刊本

　　　今古奇觀40卷　抱甕老人編　明末同文堂刊本

　　　　　又一部　明末金谷園刊本

　　　龍圖公案10卷　陶烺元撰　明末金閶種書堂刊本

　　　忠義水滸全書120回　李贄評點　明末刊本

此外尚有明代方志如：天下一統志90卷、恩縣志6卷、華陰縣志9卷等；
以及萬曆間司禮監刊，原爲明代內府典藏的大明會典殘本；萬曆40年
（1612）吳興凌氏刊五色套印本文心雕龍4卷等，均爲值得珍視的版
本。

五、結　語

　　　九州大學文學部書庫的藏書，主要是供該校師生使用，外界知悉
的人不多。由於該書庫是採用開架式的，學生往來借閱，頗爲頻繁，
以致要完全正確的統計出漢籍的數量，是一件十分困難的事。然而中
華文化遺產，不可因在海外遂棄置不顧。因此以半年時間，勉力完成
文學部書庫的藏書目錄並明版圖錄各一部，希冀對國內的漢學界有所

裨益。

【附　註】

① 此處所記之統計數字，是以西元1992年9月初起，到1993年2月底為止，筆者在日本九州大學文學部書庫所見的圖書為限。由於該書庫是一供九州大學文學部學生開放使用的圖書館，除少數貴重書外，所有圖書均可自由外借。因此，實際的藏書數量當不止此數，必有若干被外借的圖書是未得見的。

② 上表所列的種數，都已扣除了重複的書籍。所以較前文所述的數字略少。此處所謂的重複，意指相同版本的同一部書；若版本不同，仍然分別條列之。

③ 此一史實的例證很多，如臺北市的國立故宮博物院圖書館藏有一批約一千種的方志，即為抗日戰爭結束時，交通部向侵華日軍接收，後由國防研究院、故宮博物院遞藏的。

④ 該書目子部雜家類下分為雜學、雜考、雜說、雜品、雜纂、雜編六個子目，其中諸子之學屬於雜學目。

凡 例

一、本書目所錄乃以日本九州大學文學部書庫藏書中之中國古籍爲對象，並以清代宣統三年（西元1911）以前在中國出版者爲限。

二、該書庫爲一開放性之圖書館，所藏書籍始終在流通中，是以必有借閱在外之中國古籍。茲以1992年9月1日至1993年2月28日之間所見書籍爲登錄範圍，間有闕者，容後續補。

三、本書目以清代官修《四庫全書總目》之分類法爲分類標準，但簡化爲二級分類法，即類下不再分子目。

四、每類中所登錄之書籍，大致依書庫原本之排列次第爲序，偶有撰人年代相距太遠者，則略加調整，故各類中諸書排列規則並不嚴謹。

五、所登錄之書籍，先冠以順序編號如001、002等。首行爲書名及卷數，次行爲作者，再次爲版本，再次爲版匡大小、行款、版式。

六、各條後附記九州大學文學部書庫原有之索書碼，如：

> 支哲1—12
>
> 中哲2—48

凡屬於某一文庫者，「文庫」二字省略，如：

> 高瀨經9
>
> 座春風133
>
> 崎門36

高瀨原稱高瀨文庫、座春風原稱座春風文庫、崎門原稱崎門文庫。凡書碼前不含「支哲」、「中文」、「高瀨」等代號者，表示其代號與上條相同，因之省略。

七、註明爲「貴重書」者，收藏於文學部辦公室內，不得外借。

八、凡同一版本收藏兩部以上者，均在版本後以括號註明。

九、明版書則另編《明版圖錄》一部，以照片配合說明，獨立梓行。

經　部

易　類

清，曹元弼撰

清　宣統間刊本

21.2×15.2cm　9行20字　四周雙欄　花口　單魚尾

書　類

001 **書經大全**10卷　　　　　　　　　　　　　　　　　　　支哲 3-12

　　明，胡廣等奉敕撰

　　明刊本

　　23.5×14cm　11行20字　四周雙欄　花口　單魚尾

002 **狀元尚書** 5卷　　　　　　　　　　　　　　　　　　　　　3-6

　　宋，蔡沈撰

　　光緒16年（1890）吳氏翰清閣刊本

　　20×13.1cm　9行17字　左右雙欄　花口

003 **尚書中候疏證** 1卷　　　　　　　　　　　　　　　　　　　3-1

　　清，皮錫瑞撰

　　光緒25年（1899）刊本

　　18×13.8cm　11行24字　左右雙欄　黑口　單魚尾

004 **古文尚書冤詞平議** 2卷　　　　　　　　　　　　　　　　　3-2

　　清，皮錫瑞撰

　　光緒22年（1896）思賢書局刊本

　　18.1×13.7cm　11行24字　左右雙欄　黑口　單魚尾

005 **今文尚書考證**30卷　　　　　　　　　　　　　　　　　　　3-3

　　清，皮錫瑞撰

　　光緒23年（1897）師伏堂刊本

　　20.7×14.9cm　10行25字　左右雙欄　白口　單魚尾

詩　　類

001　**毛詩注疏**20卷　　　　　　　　　　　　　　　　　　支文2-3

　　漢，鄭　玄箋　唐，孔穎達疏

　　明，李元陽校刊本

　　19.4×13.2cm　9行21字　四周單欄　白口

002　**潁濱先生詩集傳**19卷　　　　　　　　　　　　　　　2-10

　　宋，蘇　轍撰

　　明刊本

　　22.3×15.1cm　10行21字　左右雙欄　花口　單魚尾

003　**詩經世本古義**不分卷　首、末各 1卷　　　　　　　　2-15

　　明，何　楷撰

　　崇禎14年（1641）刊本

　　20.1×13.9cm　9行20字　四周單欄　花口

004　**鍾敬伯批點詩經**不分卷　　　　　　　　　　　　　　2-16

　　明，鍾　惺撰

　　明，吳興凌氏朱墨套印本

　　20.9×14.8cm　8行18字　左右雙欄　白口

005　**毛詩鄭箋**20卷　　　　　　　　　　　　　　　　　　2-19

　　漢，鄭　玄箋

　　萬曆22年（1594）玄鑒室刊本

　　21.8×14.6cm　10行20字　左右雙欄　花口　單魚尾

006　**古今大方詩經大全**15卷　　　　　　　　　　　　　　支哲2-6

　　明，胡　廣等奉敕撰　葉向高參補

　　明萬曆間刊本

　　23.7×13.9cm　11行20字　四周雙欄　花口　單魚尾

007　**毛詩古音參義**5卷　首1卷　　　　　　　　　　　　　支文2-9

　　清，潘　相撰

嘉慶5年（1800）撝謙堂刊本

18.4×14.2cm　11行24字　左右雙欄　花口　單魚尾

008　**毛詩復古錄**12卷　首　1卷　　　　　　　　　　2-11

清，吳懋清撰

光緒20年（1894）廣州學使者署刊本

16.8×12.5cm　11行22字　左右雙欄　黑口　雙魚尾

009　**詩經原始**18卷　首　2卷　　　　　　　　　　2-12

清，方玉潤撰

同治10年（1871）鴻蒙室叢書本

19.4×14.9cm　11行25字　左右雙欄　黑口　單魚尾

010　**讀詩質疑**31卷　首15卷　末　1卷　　　　　　2-13

清，嚴虞惇撰

乾隆9年（1744）刊本

20×14.6cm　11行22字　左右雙欄　花口　單魚尾

011　**詩說考略**12卷　　　　　　　　　　　　　　2-14

清，成　僎撰

道光10年（1830）王氏信芳閣刊本

20×14.3cm　8行20字　四周單欄　花口　單魚尾

012　**虞東學詩**12卷　　　　　　　　　　　　　　2-17

清，顧　鎮撰

乾隆33年（1768）誦芬堂刊本

19×13.3cm　10行21字　左右雙欄　花口　單魚尾

013　**學詩詳說**30卷　正詁　5卷　　　　　　　　　2-18

清，顧廣譽撰

光緒3年（1877）刊本

17.9×13.2cm　11行24字　左右雙欄　黑口　雙魚尾

014　**詩考異字箋餘**14卷　　　　　　　　　　　　2-20

清，周邵蓮撰

嘉慶6年（1801）刊本

17×12.3cm　11行21字　左右雙欄　黑口　雙魚尾

015　**毛詩後箋**30卷　　　　　　　　　　　　　　2-21

清，胡承珙撰

道光17年（1837）求是堂刊本

16.6×12.7cm　10行22字　左右雙欄　花口　單魚尾

016　**毛詩名物圖說**　9卷　　　　　　　　　　　2-22

清，徐　鼎撰

乾隆36年（1771）刊本

22.1×15.2cm　14行20字　四周單欄　花口　單魚尾

017　**詩經通義**12卷　　　　　　　　　　　　　2-23

清，朱鶴齡撰

雍正3年（1725）濠上草堂刊本

19.8×14.3cm　10行25字　四周單欄　花口　單魚尾

018　**毛詩稽古編**30卷　　　　　　　　　　　　2-26

清，陳啓源撰

嘉慶18年（1813）刊本

21×14.5cm　10行25字　左右雙欄　花口　單魚尾

019　**詩義折中**20卷　　　　　　　　　　　支哲2-27

清，傅　恆等奉敕編

乾隆20年（1755）刊本

20.7×14cm　9行20字　四周雙欄　花口　單魚尾

020　**毛詩鄭箋**20卷　　　　　　　　　　　中文2-48

漢，鄭　玄箋

清刊仿宋本

20.4×13.7cm　8行17字　四周雙欄　白口　雙魚尾

021 **芥子園詩經** 8卷　　　　　　　　　　　　　　　　　　高瀨經24

宋，朱　熹集傳

清末刊本

18.3×12.8cm　9行17字　左右雙欄　花口

022 **詩說** 2卷　　　　　　　　　　　　　　　　　　　　　支哲8-26

清，王照圓撰

光緒8年（1882）順天府東路廳刊本

17.8×12.9cm　9行21字　左右雙欄　黑口　單魚尾

023 **韓詩內傳幷薛君章句考**4卷　附1卷　　　　　　　　　支文33-59

清，錢　玫撰

舊鈔本

19×13cm　9行21字　左右雙欄　花口

禮　類

001 **禮記大全**30卷　　　　　　　　　　　　　　　　　　支哲4-5

明，胡　廣等奉敕撰

明末刊本

23.2×13.8cm　11行20字　四周雙欄　花口　單魚尾

002 **禮記淺說** 2卷　　　　　　　　　　　　　　　　　　4-2

清，皮錫瑞撰

光緒25年（1899）刊本

17.9×13.8cm　11行24字　左右雙欄　黑口　單魚尾

003 **王制箋**不分卷　　　　　　　　　　　　　　　　　　4-3

清，皮錫瑞撰

光緒34年（1908）思賢書局刊本

21.3×15.1cm　12行25字　左右雙欄　白口　單魚尾

004　**評點周禮政要** 2卷　　　　　　　　　　　　4-4

清，孫詒讓撰，求新圖書館評點

光緒29年（1903）求新圖書館排印本

17.7×11.4cm　11行31字　四周雙欄　白口　單魚尾

005　**儀禮集編**40卷　首 1卷　　　　　　　　　支文4-10

清，盛世佐撰

嘉慶10年（1805）貯雲居刊本

19.1×14.8cm　13行23字　左右雙欄　花口　單魚尾

006　**夏小正**不分卷　　　　　　　　　　　　　4-11

清，黃叔琳撰

乾隆10年（1745）養素堂刊本

15.7×11.3cm　9行18字　左右雙欄　花口　單魚尾

007　**五禮通考**262卷　首4卷　　　　　　　　支哲4-15

清，秦蕙田編

乾隆18年（1753）刊本

18.8×14.8cm　13行21字　左右雙欄　白口　單魚尾

008　**讀禮通考** 120卷　　　　　　　　　　　中哲4-15

清，徐乾學撰

清，康熙間刊本

18.9×14.8cm　13行21字　左右雙欄　白口　單魚尾

009　**禮記揭要** 4卷　　　　　　　　　　　　東史4-16

清，許寶善撰

乾隆57年（1792）目怡軒刊本

　　　　19.7×12.4cm　　9行21字　　左右雙欄　　白口　　單魚尾

010　**禮記通故**50卷　　　　　　　　　　　　　　　　　　　　　　　　支哲4-18
　　　清，黃以周撰
　　　光緒19年（1893）黃氏試館刊本
　　　15.9×11.5cm　　10行21字　　四周雙欄　　黑口

011　**周禮政要** 2卷　　　　　　　　　　　　　　　　　　　　　　　　　4-24
　　　清，孫詒讓撰
　　　光緒28年（1902）瑞安普通學堂刊本
　　　17.9×11.1cm　　9行25字　　四周單欄　　花口　　單魚尾

012　**儀禮經傳通解**37卷　　續29卷　　　　　　　　　　　　　　　　　座春風65
　　　宋，朱　熹撰
　　　清刊本
　　　19.5×15cm　　12行25字　　左右雙欄　　花口　　單魚尾

013　**魯禮禘祫義疏證** 1卷　　　　　　　　　　　　　　　　　　　　　支哲21-15
　　　清，皮錫瑞撰
　　　光緒25年（1899）刊本
　　　17.8×13.8cm　　11行24字　　左右雙欄　　黑口　　單魚尾

春秋類

001　**潁濱先生春秋集解**12卷　　　　　　　　　　　　　　　　　　　　支哲5-5
　　　宋，蘇　轍撰
　　　明刊本
　　　22×15.1cm　　10行21字　　左右雙欄　　花口　　單魚尾

002　**春秋集傳大全**37卷　　　　　　　　　　　　　　　　　　　　　　　5-2
　　　明，胡　廣等奉敕撰

　　　明末刊本

　　　23.3×13.8cm　11行20字　　四周雙欄　　花口　　單魚尾

003　**春秋胡傳**30卷　　　　　　　　　　　　　　　　5-3

　　　宋，胡安國撰　　　　　　　　　　　　　　　（貴重書）

　　　嘉靖35年（1556）廣東崇正堂刊本

　　　20.5×15.4cm　8行　大字14　小字18　四周雙欄

　　　　黑口　雙魚尾

004　**左傳淺說**　2卷　　　　　　　　　　　　　　5-1

　　　清，皮錫瑞撰

　　　光緒25年（1899）刊本

　　　18.2×13.8cm　11行24字　　左右雙欄　　黑口　單魚尾

005　**左繡**30卷　　　　　　　　　　　　　　　　5-10

　　　清，馮李驊編

　　　康熙59年（1720）大文堂刊本

　　　22.7×14.7cm　8行20字　　左右雙欄　　花口　單魚尾

006　**穀梁春秋經傳古義疏**11卷　　　　　　　　　5-15

　　　清，廖季平撰

　　　光緒26年（1900）日新書局刊本

　　　19×13.6cm　10行21字　　四周雙欄　　黑口　雙魚尾

007　**註釋東萊博議**　4卷　　　　　　　　　　　東史14-700

　　　清，馮泰松編

　　　光緒24年（1898）京都文成堂刊本

　　　16.4×12.3cm　9行21字　　四周單欄　　花口　單魚尾

五經總義類

001 **十三經注疏**13種　　　　　　　　　　　　　　　支哲8-33

　　明，毛　晉編

　　崇禎年間毛氏汲古閣刊本

　　17.9×12.6cm　9行21字　左右雙欄　花口

002 **同上**　　　　　　　　　　　　　　　　　　　中哲8-66

　　嘉慶21年（1816）南昌府學刊本

　　17.3×12.8cm　10行18字　左右雙欄　黑口　雙魚尾

003 **同上**　　　　　　　　　　　　　　　　　　　高瀨經2

　　同治12年（1873）江西書局刊本

　　17.5×12.9cm　10行20字　左右雙欄　黑口　雙魚尾

004 **同上**　　　　　　　　　　　　　　　　　　　支哲8-18

　　清，阮　元編

　　光緒18年（1892）湖南寶慶務本書局刊本

　　17.1×13.1cm　10行20字　左右雙欄　黑口　雙魚尾

005 **十三經注疏校勘記**13種　　　　　　　　　　　　8-7

　　清，阮　元撰

　　光緒25年（1899）江蘇書局刊本

　　19.2×14.2cm　10行23字　四周單欄　黑口　雙魚尾

006 **石齋先生經傳** 9種　32卷　　　　　　　　　　　33-27

　　明，黃道周撰

　　康熙32年（1693）刊本

　　20.1×14.8cm　9行18字　左右雙欄　花口　單魚尾

007 **相臺岳氏五經** 5種　　　　　　　　　　　　　支文8-23

　　宋，岳　珂編

　　乾隆48年（1783）武英殿刊本

　　20×13.5cm　8行17字　四周雙欄　白口　雙魚尾

008　**經義述聞**不分卷　　　　　　　　　　　　　　　8–24
　　清，王引之撰
　　嘉慶2年（1797）刊本
　　18.6×13.5cm　10行21字　四周雙欄　花口　單魚尾

009　**經苑**25種　　　　　　　　　　　　　　　　　支哲8–9
　　清，錢儀吉編
　　咸豐元年（1851）刊本
　　19.3×14cm　10行20字　四周雙欄　白口　單魚尾

010　**六藝堂詩禮七編**　7種　　　　　　　　　　　支文8–20
　　清，楊以增編
　　咸豐2年（1852）聊城海源閣刊本
　　18.4×12.8cm　10行22字○左右雙欄　花口　單魚尾

011　**皇清經解**1478卷　首　1卷　　　　　　　　　支哲8–16
　　清，阮　元等編　　　　　　　　　　　　　　　高瀨經95
　　咸豐10年（1860）補刊道光9年（1829）刊本（兩部）
　　18.3×13.7cm　11行24字　左右雙欄　花口　單魚尾

012　**通志堂經解**　129種　　　　　　　　　　　　支哲8–1
　　清，納蘭成德編
　　同治12年（1873）粵東書局刊本
　　19.2×15.3cm　11行20字　左右雙欄　白口　雙魚尾

013　**古經解彙函**37種　　　　　　　　　　　　　　8–15
　　清，鍾謙鈞編
　　同治12年（1873）粵東書局刊本
　　18.3×13.8cm　10行21字　左右雙欄　白口　單魚尾

014　**北宋石經考異**1卷　續考異1卷　　　　　　　8–36
　　清，馮登府撰　續考異清，丁養元撰

同治13年（1874）庚颭龄館刊本

18.2×13.3cm　10行21字　左右雙欄　花口　單魚尾

015 **御纂七經** 7種　　　　　　　　　　　　　　　　　8–19

清，聖祖敕編

清，同治間刊本

18.7×14.2cm　11行24字　左右雙欄　花口　單魚尾

016 **古微書**36卷　　　　　　　　　　　　　　　　　　8–4

明，孫　毂撰

光緒14年（1888）對山問月樓刊本

20.4×15.4cm　11行24字　左右雙欄　花口　單魚尾

017 **皇清經解續編**1430卷　　　　　　　　　　　　　8–17

清，王先謙編

光緒14年（1888）刊本

18.7×13.8cm　11行24字　左右雙欄　花口　單魚尾

018 **石經彙函**10種　　　　　　　　　　　　　　支哲8–2

清，王秉恩編　　　　　　　　　　　　　　　中哲8–53

光緒16年（1890）四川尊經書局刊本（兩部）

19.9×15cm　11行24字　左右雙欄　黑口　單魚尾

019 **經義考** 300卷　　　　　　　　　　　　　　支哲8–12

清，朱彝尊撰

光緒23年（1897）浙江書局刊本

18.4×14.5cm　12行23字　左右雙欄　花口　單魚尾

020 **發墨守疏證**1卷　　**箴膏肓疏證**1卷　　**釋廢疾疏證** 1卷　　28–2

清，皮錫瑞撰

光緒25年（1899）刊本

17.8×13.8cm　11行24字　左右雙欄　黑口　單魚尾

021　**聖證論補評** 2卷　　　　　　　　　　　　　21–16
　　清，皮錫瑞撰
　　光緒25年（1899）刊本
　　17.8×13.8cm　11行24字　左右雙欄　黑口　單魚尾

022　**駁五經異義疏證**10卷　　　　　　　　　　21–17
　　撰人，刊年，版式同上

023　**香草校書**60種　　　　　　　　　　　　中哲8–34
　　清，于　鬯撰
　　光緒29年（1903）刊本
　　18.4×12.9cm　10行22字　左右雙欄　黑口

024　**皮氏經學** 8種　　　　　　　　　　　　支哲8–52
　　清，皮錫瑞撰
　　光緒33年（1907）思賢書局刊本
　　21.1×15.3cm　12行25字　左右雙欄　花口　單魚尾

025　**經學通論** 5卷　　　　　　　　　　　　21–8
　　清，皮錫瑞撰
　　光緒33年（1907）思賢書局刊本
　　21.1×15.3cm　12行25字　左右雙欄　白口　單魚尾

026　**緯學原流興廢考** 3卷　　　　　　　　　28–34
　　清，蔣清翊撰
　　舊抄本
　　11行25字　白口

027　**同上**　　　　　　　　　　　　　　　座春風74
　　光緒23年（1897）吳縣蔣氏雙唐碑館刊本
　　19×14.3cm　11行25字　左右雙欄　黑口　單魚尾

四書類

001 **南軒先生論語解**10卷　　　　　　　　　　　　　　支哲6–120
　　宋，張　栻撰
　　清刊本
　　19.2×13.6cm　11行20字　左右雙欄　白口　單魚尾

002 **論語正義**24卷　　　　　　　　　　　　　　　　　6–19
　　清，劉寶楠撰
　　同治5年（1866）代州刊本

003 **論語經正錄**20卷　　　　　　　　　　　　　　　　6–67
　　清，王肇晉撰
　　光緒20年（1894）刊本
　　15.8×12.2cm　12行21字　左右雙欄　黑口　雙魚尾

004 **七經孟子考文并補遺** 200卷　　　　　　　　　　　6–34
　　日本，山井鼎撰　補遺 日本，物觀撰
　　同治2年（1863）刊本
　　14.2×10.8cm　9行21字　左右雙欄　花口　單魚尾

005 **學庸或問**（大學或問1卷，中庸或問1卷）　　　　　6–38
　　不著編人
　　明，新賢堂刊本
　　16.6×12.8cm　12行22字　四周雙欄　白口

006 **學庸宗註詳解**不分卷　　　　　　　　　　　　　　東史6–39
　　不著編人
　　乾隆25年（1760）鄭城育英軒刊本
　　16.7×10.4cm　12行24字　四周雙欄　花口　單魚尾

007　**四書一部**　　　　　　　　　　　　　　　　　　　　　支哲6-20

清，仿宋淳祐刊本

24.8×17.1cm　8行15字　左右雙欄　白口　雙魚尾

008　**四書湖南講**不分卷　　　　　　　　　　　　　　　　6-29

明，葛寅亮撰

明末刊本

23.3×14.8cm　10行25字　四周單欄　花口

009　**四書諸子異同條辨**（大學3卷，中庸3卷，論語20卷，　6-25
孟子14卷）

清，李沛霖撰

康熙44年（1705）文盛，大盛，聚錦堂刊本

20.8×13.4cm　9行21字　四周單欄　花口　單魚尾

010　**四書考異**72卷　　　　　　　　　　　　　　　　　　6-93

清，翟　灝撰

乾隆34年（1769）無不宜齋刊本

17.3×13.5cm　11行21字　左右雙欄　花口　單魚尾

011　**四書講義困勉錄**　（大學1卷，中庸2卷，論語20卷，　座春風134
孟子14卷）

清，陸隴其撰

康熙38年（1699）刊本

17.4×13.7cm　12行22字　左右雙欄　黑口　雙魚尾

012　**鄉黨圖考**10卷　　　　　　　　　　　　　　　　　　支哲6-112

清，江　永撰

乾隆58年（1793）金閶書業堂刊本

19.5×14.4cm　9行25字　左右雙欄　花口　單魚尾

小學類

001 **廣雅疏證**10卷 支文7-38
　　清，王念孫撰
　　清刊本
　　20.6×15.3cm　10行21字　左右雙欄　花口　單魚尾

002 **廣雅補疏** 4卷 7-42
　　清，王樹枏撰
　　光緒16年（1890）文莫室刊本
　　17.8×14.7cm　10行21字　左右雙欄　黑口

003 **爾雅古義** 2卷 7-40
　　清，胡承珙撰
　　道光17年（1837）求是堂刊本
　　16.6×12.8cm　10行22字　左右雙欄　白口　單魚尾

004 **六書假借經徵** 3卷 7-41
　　清，朱駿聲撰
　　清，金陵刊本
　　19×12.6cm　8行20字　四周雙欄　黑口　單魚尾

005 **小學彙函**13卷 7-25
　　清，鍾謙鈞撰
　　清，光緒間刊古經解彙函本
　　18.2×13.8cm　10行21字　左右雙欄　白口　單魚尾

006 **朱氏群書** 6種 7-47
　　清，朱駿聲撰
　　光緒間刊本

　　18.4×12.6cm　9行21字　單魚尾

007　**說文解字**15卷　　　　　　　　　　　　　　　　7–57

　　漢，許　愼撰

　　嘉慶12年（1307）藤花榭刊本

　　20.3×14.8cm　10行30字　左右雙欄　白口　單魚尾

008　**同上**　　　　　　　　　　　　　　　　　　　　7–58

　　道光7年（1881）淮南書局翻刻汲古閣刊本

　　21.3×16.1cm　7行21字　左右雙欄　黑口　單魚尾

009　**說文解字繫傳**40卷　　　　　　　　　　　　　　7–18

　　南唐，徐　鍇撰

　　清刊本

　　20×15.3cm　7行21字　左右雙欄　黑口　單魚尾

010　**說文解字通釋**40卷　　　　　　　　　　　　　　7–19

　　南唐，徐　鍇撰

　　道光19年（1839）據影宋鈔本重刊本

　　20.6×15.4cm　7行22字　左右雙欄　小黑口　單魚尾

011　**說文長箋**　100卷　　　　　　　　　　　　　　　7–30

　　明，趙宦光撰

　　崇禎4年（1631）刊本

　　21.3×14.5cm　10行20字　左右雙欄　花口　單魚尾

012　**說文古籀補**14卷　附　1卷　　　　　　　　　支哲7–1

　　清，吳大澂撰

　　光緒24年（1898）刊本

　　18.6×12.7cm　8行，字數不定　四周單欄　花口　單魚尾

013　**說文古籀疏證**　6卷　　　　　　　　　　　　　　7–6

　　清，莊述祖撰

光緒20年（1894）刊本

17×13.1cm　9行22字　左右雙欄　黑口　單魚尾

清，黎永椿撰

光緒5年（1879）廣東刊本

17×13cm　10行22字　左右雙欄　白口　單魚尾

清，桂　馥撰

周治9年（1870）湖北崇文書局刊本

18.8×13.7cm　10行23字　四周雙欄　花口　單魚尾

清，王　筠撰

咸豐7年（1857）刊本

19.4×15cm　10行24字　四周雙欄　花口　單魚尾

清，陳　瑑撰

同治13年（1874）湖北崇文書局刊本

19×13.5cm　10行23字　四周雙欄　花口　單魚尾

清，鈕樹玉撰

同治7年（1868）莫友芝碧螺山館刊本

18.9×14cm　10行20字　左右雙欄　花口　單魚尾

清，段玉裁撰

嘉慶13年（1808）經韻樓刊本

19×13.8cm　9行22字　左右雙欄　白口　單魚尾

020　**段氏說文注訂** 8卷　　　　　　　　　　　　　　　　　7–21
清，鈕樹玉撰
同治5年（1866）莫友芝碧螺山館刊本
18.4×13cm　9行23字　左右雙欄　白口　單魚尾

021　**說文釋例**20卷　　　　　　　　　　　　　　　　　　　7–31
清，王　筠撰
同治4年（1865）刊本
18.7×13.7cm　9行22字　四周雙欄　花口　單魚尾

022　**說文解字句讀**30卷　　　　　　　　　　　　　　　　　7–32
清，王　筠撰
同治4年（1865）刊本
20×15.3cm　10行24字　四周雙欄　花口　單魚尾

023　**說文解字斠詮**14卷　　　　　　　　　　　　　　　　　7–33
清，錢　坫撰
嘉慶16年（1811）刊本
20.8×15.6cm　7行24字　左右雙欄　花口　單魚尾

024　**重刊許氏說文解字五音韻譜**12卷　　　　　　　　　　7–22
宋，徐　鉉撰
天啓7年（1627）世裕堂刊本
19.5×14.8cm　7行20字　左右雙欄　白口　單魚尾

025　**說文韻譜校** 5卷　　　　　　　　　　　　　　　　　　7–34
清，王　筠撰
光緒16年（1890）劉嘉禾素心琴室刊本
19.8×14.9cm　7行20字　四周雙欄　花口　單魚尾

026　**說文通訓定聲**18卷　　　　　　　　　　　　　　　　　7–14
清，朱駿聲撰

　　　道光28年（1848）臨嘯閣刊本

　　　18.6×12.8cm　10行大字20　小字30　四周雙欄

　　　　花口　單魚尾

027　**漢學諧聲**24卷　附說文補考 1卷　　　　　　　　　　　　　7–29

　　　清，戚學標撰

　　　嘉慶9年（1804）涉縣官署刊本

　　　20.4×15.5cm　8行25字　四周雙欄　花口　單魚尾

028　**惠氏小學類編**15卷　　　　　　　　　　　　　　　　　　　7–44

　　　清，惠　棟撰

　　　咸豐2年（1852）江都李氏半畝園刊本

　　　18.4×13cm　10行21字　左右雙欄　黑口　單魚尾

029　**洪武正韻**16卷　　　　　　　　　　　　　　　　　　　　　7–27

　　　明，宋　濂等奉敕撰

　　　明刊本

　　　22.1×14.8cm　8行24字　四周雙欄　黑口　雙魚尾

030　**顧氏音學五書**　　　　　　　　　　　　　　　　　　　　支哲7–13

　　　清，顧炎武撰

　　　光緒16年（1890）思賢講舍刊本

　　　19.9×13.3cm　9行21字　左右雙欄　花口　單魚尾

031　**毛詩音韻考** 4卷　　　　　　　　　　　　　　　　　　　支文7–26

　　　清，程以恬撰

　　　道光3年（1823）研經堂刊本

　　　21×13.8cm　8行22字　四周單欄　白口　單魚尾

032　**音韻學叢書**32種 123卷　　　　　　　　　　　　　　　　7–35

　　　清，嚴式誨撰

　　　清末成都渭南嚴氏刊本

　　15.9×11.4cm　10行21字　四周雙欄　黑口　單魚尾

033　**博雅音**10卷　　　　　　　　　　　　　　　　　　7–38

　　清，王念孫撰

　　清刊本

　　20.6×15.3cm　10行21字　左右雙欄　花口　單魚尾

034　**音韻闡微**18卷　　　　　　　　　　　　　　　　　7–48

　　清，王蘭生等奉敕撰

　　光緒7年（1881）淮南書局刊本

　　20.7×14.7cm　8行24字　四周雙欄　花口　單魚尾

035　**六藝論疏證**　1卷　　　　　　　　　　　　　　支哲21–15

　　清，皮錫瑞撰

　　光緒25年（1899）刊本

　　17.8×13.8cm　11行24字　左右雙欄　黑口　單魚尾

036　**佩文詩韻釋要**　5卷　　　　　　　　　　　　　高瀨子56

　　清，陸潤庠撰

　　光緒12年（1886）刊本

　　17.4×12.3cm　9行　四周雙欄　花口　單魚尾

037　**幼學歌**　5卷　　　　　　　　　　　　　　　　　子96

　　清，王用臣撰

　　光緒11年（1885）王氏刊本

　　21.4×13.4cm　9行20字　四周雙欄　花口　單魚尾

史　部

正史類

006　**漢書補注**100卷　首1卷　　　　　　　　　　　　　　10-3

　　清，王先謙撰

　　光緒26年（1900）長沙王氏校刊本

　　20.8×15.4cm　11行25字　左右雙欄　白口　單魚尾

007　**漢書疏證**36卷　　　　　　　　　　　　　　　　　10-8

　　清，沈欽韓撰

　　光緒26年（1900）浙江官書局刊本

　　17.8×13.8cm　10行22字　左右雙欄　白口　單魚尾

008　**漢書注校補**26卷　　　　　　　　　　　　　　　10-24

　　清，周壽昌撰

　　光緒10年（1884）小對竹軒刊本

　　17.2×12.3cm　12行23字　左右雙欄　花口　三魚尾

009　**漢書辨疑**22卷　　　　　　　　　　　　　　支文10-24

　　清，錢大昭撰

　　光緒13年（1887）廣雅書局刊本

　　21.2×15.3cm　11行24字　四周單欄　黑口　單魚尾

010　**漢書地理志稽疑**　6卷　　　　　　　　　　　　東史10-9

　　清，全祖望撰

　　嘉慶9年（1804）歙縣朱氏家熟本

　　18.8×14.5cm　10行20字　四周雙欄　花口　單魚尾

011　**漢書西域傳補注**　2卷　　　　　　　　　　　　　10-23

　　清，徐　松撰

　　光緒20年（1894）廣雅書局刊本

　　20.7×15.3cm　11行24字　四周單欄　黑口　單魚尾

012　**班馬異同**35卷　　　　　　　　　　　　　　東史10-10

　　宋，倪　思撰　　　　　　　　　　　　　　　座春風40

明末刊本（兩部）

20.7×14.1cm　9行20字　四周單欄　花口　單魚尾

013　**後漢書補注**24卷　　　　　　　　　　　　　　　東史10-4

清，惠　棟撰

嘉慶9年（1804）德裕堂刊本

21.1×15cm　11行24字　左右雙欄　白口　單魚尾

014　**後漢書補表**　8卷　　　　　　　　　　　　　　10-5

清，錢大昭撰

光緒8年（1882）後知不足齋刊本

20.1×13.3cm　左右雙欄　白口　單魚尾

015　**後漢書辨疑**11卷　　　　　　　　　　　　　　支文10-27

清，錢大昭撰

光緒14年（1888）廣雅書局刊本

21.2×15.3cm　11行24字　四周單欄　黑口　單魚尾

016　**晉書校勘記**　5卷　　　　　　　　　　　　　　東史10-20

清，周家祿撰

光緒14年（1888）廣雅書局刊本

21×15.4cm　11行24字　四周單欄　黑口　單魚尾

017　**補宋書刑法志**　1卷　　**補宋書食貨志**　1卷　　　　10-15

清，郝懿行撰

嘉慶20年（1815）刊本

17×13cm　10行21字　左右雙欄　花口　單魚尾

018　**舊唐書校勘記**66卷　　　　　　　　　　　　　10-12

清，岑建功撰

道光26年（1846）懼盈齋刊本

21.6×15.5cm　12行25字　左右雙欄　白口　單魚尾

019 **舊唐書逸文**12卷　　　　　　　　　　　　　　　　　　10–13
　　　清，岑建功撰
　　　同治11年（1872）定遠方氏重刊懼盈齋刊本
　　　21.3×15.5cm　12行25字　左右雙欄　白口　單魚尾

020 **新舊唐書互證**20卷　　　　　　　　　　　　　　　　　10–14
　　　清，趙紹祖撰
　　　光緒17年（1891）廣雅書局刊本
　　　20.9×15.2cm　11行24字　四周單欄　黑口　單魚尾

021 **南北史補志**14卷　　　　　　　　　　　　　　　　　支文10–26
　　　清，汪士鐸撰
　　　光緒4年（1878）淮南書局刊本
　　　21.1×15.1cm　12行25字　左右雙欄　白口　單魚尾

022 **五代史記**74卷　　　　　　　　　　　　　　　　　　　10–30
　　　宋，歐陽修撰
　　　道光8年（1828）刊本
　　　21.3×15.2cm　10行21字　左右雙欄　白口　單魚尾

023 **五代史記注**74卷　　　　　　　　　　　　　　　　　東史13–6
　　　清，彭元瑞撰
　　　嘉慶20年（1815）雲牂書屋刊本
　　　20.9×15.3cm　10行21字　左右雙欄　白口　單魚尾

024 **遼史語解**10卷　　**金史語解**12卷　　**元史語解**24卷　　10–17
　　　不著撰人
　　　光緒4年（1878）江蘇書局刊本
　　　21.2×14.9cm　12行25字　左右雙欄　白口　單魚尾

025 **遼史拾遺**24卷　　　　　　　　　　　　　　　　　　　13–12
　　　清，厲　鶚撰

編年類

　　隋，王　通撰

　　清刊本

　　20×14.3cm　9行20字　左右雙欄　花口　單魚尾

005　**資治通鑑** 294卷　　　　　　　　　　　　　　　　11-2

　　宋，司馬光撰

　　光緒25年（1899）上海蜚英館石印本

　　15.9×10.8cm　16行35字　四周雙欄　花口　單魚尾

006　**資治通鑑目錄**30卷　　　　　　　　　　　　　　　11-7

　　宋，司馬光撰

　　同治8年（1869）江蘇書局仿宋刊本

　　19.8×14.6cm　左右雙欄　白口　單魚尾

007　**資治通鑑考異**30卷　　　　　　　　　　　　　　　11-9

　　宋，司馬光撰

　　光緒14年（1888）胡元常仿明萬曆刊本

　　20.3×14.6cm　12行25字　左右雙欄　黑口　單魚尾

008　**資治通鑑綱目**59卷　續27卷　　　　　　　　　　　11-8

　　宋，朱　熹撰、明，陳仁錫評

　　康熙40年（1701）郁郁堂刊本

　　20.6×14.9cm　7行18字　四周單欄　花口　單魚尾

009　**同上**　　　　　　　　　　　　　　　　　　　　11-5

　　宋，朱　熹撰　清聖祖評

　　光緒3年（1877）刊本

　　18.2×13.3cm　11行22字　四周雙欄　花口　單魚尾

010　**續資治通鑑長編** 520卷　　　　　　　　　　　　11-18

　　宋，李　燾撰

　　光緒7年（1881）浙江書局刊本

19.4×13.9cm　12行21字　左右雙欄　花口　單魚尾

011 **稽古錄**20卷　　　　　　　　　　　　　　　　14–11

宋，司馬光撰

明末清初間刊本

19.8×14.5cm　9行19字　四周單欄　花口　單魚尾

012 **靖康要錄**16卷　　　　　　　　　　　　　　　14–15

不著撰人

光緒12年（1886）刊本

17.9×12.8cm　9行20字　四周雙欄　黑口

013 **大事記**12卷　**通釋** 3卷　**解題**12卷　　　　14–28

宋，呂祖謙撰

清，乾隆間武英殿聚珍本

18.3×14.2cm　8行21字　左右雙欄　花口　單魚尾

014 **資治通鑑補** 294卷　　　　　　　　　　　　　11–1

明，嚴　衍撰

光緒2年（1876）思補樓刊本

15.7×12.5cm　11行25字　左右雙欄　花口　單魚尾

015 **宋元通鑑** 157卷　　　　　　　　　　　　　　11–6

明，薛應旂撰

天啓6年（1626）刊本

21.2×14.9cm　10行20字　四周單欄　花口　單魚尾

016 **宋元資治通鑑**64卷　　　　　　　　　　　　　11–15

明，王宗沐撰

明刊本

19.7×13.9cm　10行20字　左右雙欄　花口　單魚尾

017 **續資治通鑑綱目**27卷　　　　　　　　　　　　11–10

明，商　輅等奉敕編

明刊本

19.8×13.3cm　10行22字　四周單欄　花口　雙魚尾

018 **皇明大政記**36卷　　　　　　　　　　　　　　　　　　　13–15

明，朱國楨撰

崇禎5年（1632）刊本

21.6×14.8cm　10行21字　左右雙欄　花口　單魚尾

019 **甲子會記** 5卷　　　　　　　　　　　　　　　　　　支文14–45

明，薛應旂撰

嘉靖38年（1559）刊本

21.5×15cm　8行18字　四周單欄　花口　單魚尾

020 **昭代典則**28卷　　　　　　　　　　　　　　　　　　　17–22

明，黃光昇撰

萬曆28年（1600）萬卷樓刊本

21.9×13.5cm　11行22字　四周單欄　花口　單魚尾

021 **建炎以來繫年要錄** 200卷　　　　　　　　　　　　　東史14–33

宋，李心傳撰

光緒5年（1879）仁壽蕭氏刊本

19.9×14.7cm　10行22字　左右雙欄　花口　單魚尾

022 **御批通鑑輯覽** 120卷　　　　　　　　　　　　　　　　11–11

清，傅　恆等奉敕編

光緒5年（1879）天津煮字山房雙色套印本

17.8×14.6cm　11行22字　四周雙欄　花口　單魚尾

023 **同上**　　　　　　　　　　　　　　　　　　　　　　　11–17

光緒29年 （1903）上海商務印書館仿殿版鉛印本

16.1×12.3cm　19行43字　四周單欄　白口　單魚尾

024 **續資治通鑑** 220卷　　　　　　　　　　　　　　11-14

清，畢　沅撰

嘉慶6年（1801）德裕堂刊本

22.1×15.6cm　10行21字　四周雙欄　花口　單魚尾

025 **東華錄**24卷　　　　　　　　　　　　　　　　　13-33

清，蔣良騏編

乾隆30年（1765）大文堂刊袖珍本

10.2×7.6cm　8行16字　四周單欄　花口　單魚尾

026 **十一朝東華錄** 592卷　　　　　　　　　　　　　13-9

清，王先謙編

光緒17年（1891）上海廣百宋齋鉛印本

15.2×10.3cm　14行40字　四周雙欄　花口　單魚尾

027 **周季編略** 9卷　　　　　　　　　　　　　　　　14-38

清，黃武三撰

同治12年（1873）浙江書局刊本

17.7×13cm　9行22字　左右雙欄　花口　單魚尾

028 **皇清開國方略**32卷　首 1卷　　　　　　　　　　16-37

清，高宗敕編

乾隆51年（1786）內府刊本

27.8×20.5cm　8行21字　四周雙欄　花口　單魚尾

029 **平定粵匪紀略**18卷　附記 4卷　　　　　　　　　14-110

清，官　文等撰

同治10年（1871）京都聚珍齋排印本

21.2×13.7cm　9行22字　四周單欄　花口　單魚尾

030 **九朝東華錄** 120卷　　　　　　　　　　　　　　13-46

清，王先謙編

光緒10年（1884）鉛印本

16.3×11.7cm　17行38字　四周單欄　花口　單魚尾

紀事本末類

001　**三朝北盟會編**　250卷　　　　　　　　　　　　　　　東史13-23
宋，徐夢莘編

光緒4年（1878）刊本

17.5×12.3cm　10行22字　四周雙欄　花口　單魚尾

002　**元史紀事本末**27卷　　　　　　　　　　　　　　　　12-4
明，陳邦瞻撰

光緒14年（1888）上洋書業公所崇德堂鉛印本

15.4×11.1cm　15行40字　四周雙欄　白口　單魚尾

003　**西夏紀事本末**36卷　　首　2卷　　　　　　　　　　12-4
清，張　鑑撰

刊年版式同上

004　**金史紀事本末**52卷　　　　　　　　　　　　　　　　12-4
清，李有棠撰

光緒28年（1902）上海著易堂書局鉛印本

15.4×11.1cm　15行40字　四周雙欄　白口　單魚尾

005　**遼史紀事本末**40卷　　　　　　　　　　　　　　　　12-4
撰人，刊年，版式同上

006　**繹史**　160卷　　　　　　　　　　　　　　　　　　14-20
清，馬　驌撰

光緒15年（1889）刊本

19.6×14.4cm　11行24字　左右雙欄　花口

別史類

001　**逸周書補注**22卷　　首、末各 1卷　　　　　　　　　　　東史13-3
　　　清，陳逢衡注
　　　道光5年（1825）修梅山館刊本
　　　17.9×12.9cm　9行22字　左右雙欄　黑口　雙魚尾

002　**東觀漢紀**24卷　　　　　　　　　　　　　　　　　　　13-19
　　　漢，劉　珍等撰
　　　乾隆60年（1795）掃葉山房刊本
　　　20.8×15cm　12行25字　左右雙欄　花口　單魚尾

003　**隆平集**20卷　　　　　　　　　　　　　　　　　　　14-16
　　　宋，曾　鞏撰
　　　康熙40年（1701）七業堂刊本
　　　20×13cm　9行20字　左右雙欄　花口　單魚尾

004　**古史**60卷　　　　　　　　　　　　　　　　　　　　14-31
　　　宋，蘇　轍撰
　　　嘉慶元年（1796）掃葉山房刊本
　　　20.7×15cm　12行25字　左右雙欄　花口　單魚尾

005　**路史**47卷　　　　　　　　　　　　　　　　　　　　14-32
　　　宋，羅　泌撰
　　　嘉慶6年（1801）酉山堂刊本
　　　18.5×12.7cm　8行20字　左右雙欄　花口

006　**契丹國志**27卷　　　　　　　　　　　　　　　　634-キ-13
　　　宋，葉隆禮撰
　　　清，掃葉山房刊本

　　20.2×14.7cm　12行25字　左右雙欄　花口　單魚尾

007　**大金國志**40卷　　　　　　　　　　　　　　634-タ-5

宋，宇文懋昭撰

嘉慶2年（1797）掃葉山房刊本

20.8×15cm　12行25字　左右雙欄　花口　單魚尾

008　**續後漢書**47卷　　　　　　　　　　　　　　東史13-34

宋，蕭　常撰

同治8年（1869）師古山房刊本

18.5×13.2cm　12行22字　四周雙欄　花口　單魚尾

009　**同上**　　　　　　　　　　　　　　　　　　13-26

道光21年（1841）宜稼堂叢書本

18.2×13.1cm　11行22字　左右雙欄　黑口　單魚尾

010　**續後漢書**90卷　　**札記**　4卷　　　　　　13-26

元，郝　經撰　札記　清，郁松年撰

刊年版式同上

011　**注補續漢八志**　不分卷　　　　　　　　　　支文10-29

梁，劉　昭撰

清末金陵書局仿汲古閣刊本

21×15.2cm　12行22字　左右雙欄　白口　單魚尾

012　**弘簡錄**　254卷　　　　　　　　　　　　　東史13-10

明，邵經邦撰

康熙27年（1688）刊本

20.4×15.2cm　12行24字　四周單欄　花口　單魚尾

013　**季漢書**60卷　　　　　　　　　　　　　　13-24

明，謝　陛撰

明末刊本

20.8×13.8cm　10行22字　四周單欄　花口　單魚尾

014 **名山藏**　　　　　　　　　　　　　　　　13-36

明，何喬遠撰

崇禎13年（1640）刊本

21.5×14.7cm　10行20字　四周單欄　花口　單魚尾

015 **李氏藏書**　　　　　　　　　　　　　　　14-46

明，李　贄撰

萬曆33年（1605）刊本

23.5×15.1cm　9行20字　四周單欄　花口　單魚尾

016 **南漢書**18卷　附**南漢叢錄**2卷　**南漢文字**　4卷　　13-2

清，梁廷枏撰

道光9年（1829）刊本

15.6×12cm　8行18字　四周雙欄　白口　雙魚尾

017 **宋史翼**40卷　　　　　　　　　　　　　　13-5

清，陸心源撰

光緒32年（1906）朱印本

16.8×12.1cm　10行20字　四周雙欄　花口　單魚尾

018 **續唐書**70卷　　　　　　　　　　　　　　13-11

清，陳　鱣撰

光緒21年（1895）廣雅書局刊本

20.9×15.3cm　11行24字　四周單欄　黑口　單魚尾

019 **西魏書**24卷　附錄　1卷　　　　　　　　　13-22

清，謝啓昆撰

光緒18年（1892）小環山館刊本

19.2×14.1cm　11行23字　左右雙欄　白口　單魚尾

020 **晉略**66卷　　　　　　　　　　　　　　　13-25

清，周　濟撰

道光19年（1839）刊本

19.4×14.6cm　12行25字　左右雙欄　花口　單魚尾

021　**晉記**68卷　首　1卷　　　　　　　　　　　　13-29

清，郭　倫撰

乾隆21年（1756）有斐堂刊本

20.1×14cm　10行20字　左右雙欄　花口　單魚尾

022　**七家後漢書**21卷　　　　　　　　　　　　　13-28

清，汪文臺輯

光緒8年（1882）刊本

17.7×12.8cm　10行22字　四周雙欄　黑口

023　**宋遼金元別史**五種　　　　　　　　　　　　13-30

清，不著編人

清，掃葉山房刊本

21.6×15.6cm　12行25字　左右雙欄　花口　單魚尾

024　**元史新編**95卷　　　　　　　　　　　　　　13-32

清，魏　源撰

光緒31年（1905）慎微堂刊本

19.8×14.4cm　12行22字　左右雙欄　白口　單魚尾

025　**南疆繹史**30卷　　　　　　　　　　　　　　14-7

清，溫睿臨撰

道光10年（1830）都城琉璃廠排印本

16.3×12.9cm　9行20字　左右雙欄　花口　單魚尾

026　**明季北略**24卷　　**南略**18卷　　　　　　　14-25

清，計六奇撰

刊年版式同上

雜史類

004　**元朝秘史**10卷　續 2卷　　　　　　　　　　　　　13-1
　　　元，不著撰人
　　　光緒34年（1908）葉氏觀古堂據影抄元本重刊本
　　　19×13cm　左右雙欄　黑口　雙魚尾

005　**元朝秘史注**15卷　　　　　　　　　　　　　　　　13-18
　　　清，李文田注
　　　光緒22年（1896）漸西村舍刊本
　　　19.2×13.6cm　10行21字　左右雙欄　花口　單魚尾

006　**元秘史李注補正**15卷　　　　　　　　　　　　　　13-27
　　　清，高寶銓撰
　　　光緒28年（1902）刊本
　　　17.7×12cm　11行24字　左右雙欄　黑口　雙魚尾

007　**弇州史料** 100卷　　　　　　　　　　　　　　　　13-38
　　　明，王世貞撰
　　　萬曆42年（1614）刊本
　　　21.3×14.2cm　9行18字　四周單欄　花口　單魚尾

008　**野獲編**30卷　　　　　　　　　　　　　　　　　　14-21
　　　明，沈德符撰
　　　道光7年（1827）扶荔山房刊本
　　　18.9×14.4cm　10行21字　左右雙欄　花口　單魚尾

009　**守汴日志** 1卷　　　　　　　　　　　　　　　　　14-109
　　　明，李光壂撰
　　　道光7年（1827）刊本
　　　19.4×12.7cm　9行20字　四周雙欄　白口　單魚尾

010　**楚漢諸侯疆域志** 3卷　　　　　　　　　　　　　　10-18
　　　清，劉文淇撰

　　　光緒15年（1889）廣雅書局刊本

　　　21.5×15.3cm　11行24字　四周單欄　黑口　單魚尾

011　**聖武記**14卷　　　　　　　　　　　　　　　　　　　　13-20

　　　清，魏　源撰

　　　道光26年（1846）刊本

　　　17.6×13.6cm　10行21字　四周雙欄　花口　單魚尾

012　**世本輯補**10卷　　　　　　　　　　　　　　　　　　　14-8

　　　清，秦嘉謨撰

　　　嘉慶23年（1818）琳琅仙館刊本

　　　19.1×14.4cm　10行22字　左右雙欄　黑口　單魚尾

013　**明季稗史彙編**16卷　　　　　　　　　　　　　　　　　14-13

　　　清，留雲居士編

　　　清末都城琉璃廠排印本

　　　16.9×11.7cm　9行19字　四周雙欄　花口　單魚尾

014　**三十國春秋**38種　　　　　　　　　　　　　　　　　　14-18

　　　不著編人

　　　清，光緒間廣雅書局刊本

　　　21.1×15.1cm　11行24字　四周單欄　白口　單魚尾

015　**平定教匪紀略**42卷　首　1卷　　　　　　　　　　　支文14-42

　　　清，托　津等撰

　　　嘉慶間刊本

　　　19.8×16.7cm　70行20字　四周雙欄　花口　單魚尾

016　**紀元通考**12卷　　　　　　　　　　　　　　　　　東史19-8

　　　清，葉維庚撰

　　　道光8年（1828）鍾秀山房刊本

　　　18.2×13.2cm　10行24字　左右雙欄　花口　單魚尾

017　**歷代帝王年表**　　　　　　　　　　　　　　　　　19–9

清，齊召南撰

道光4年（1824）小琅嬛仙館刊本

19×13cm　8行24字　左右雙欄　黑口　雙魚尾

018　**廿四史三表：歷代統紀表**13卷　**歷代沿革表**3卷　　19–11

歷代疆域表3卷

清，段長基撰

光緒元年（1875）紅杏山房據味古山房本重刊本

22.8×18.5cm　四周雙欄　花口

詔令奏議類

001　**陸宣公奏議**22卷　　　　　　　　　　　　　　　東史17–13

唐，權德輿編

萬曆34年（1606）光裕堂刊本

21.5×14.5cm　10行20字　四周單欄　花口　單魚尾

002　**歷代名臣奏議** 319卷　　　　　　　　　　　　　17–17

明，陳明卿編

崇禎8年（1635）刊本

20.5×14.5cm　9行18字　左右雙欄　花口　單魚尾

003　**唐大詔令集**20卷　　　　　　　　　　　　　　　17–14

清，朱昆田節抄本

清初手抄本

9行21字

004　**御選明臣奏議**40卷　　　　　　　　　　　　　　17–3

清，乾隆間敕編

乾隆間武英殿聚珍本

19.2×12.9cm　9行21字　四周雙欄　花口　單魚尾

005 **硃批諭旨** 360卷　　　　　　　　　　　　　　17–19

清，鄂爾泰等奉敕編

光緒13年（1887）上海點石齋雙色排印本

15.1×11.3cm　15行33字　四周雙欄　花口　單魚尾

006 **皇清奏議**68卷　　　　　　　　　　　　　　　17–23

清，琴川居士編

清末都城國史館琴川居士排字本

16.3×11.9cm　8行20字　左右雙欄　花口　單魚尾

007 **大清聖訓**不分卷　　　　　　　　　　　　　　17–27

明，官修

清末刊本

18.4×13.4cm　13行25字　左右雙欄　花口　單魚尾

008 **聖諭廣訓衍說**附律例　不分卷　　　　　　　　17–28

清，官修

光緒2年（1876）京師觀善堂刊本

18.3×12.6cm　10行23字　四周雙欄　花口　單魚尾

009 **皇朝道咸同光奏議**64卷　　　　　　　　　　　17–20

清，王延熙　王樹敏合編

光緒28年（1902）上海久敬齋石印本

16.6×12cm　20行48字　四周雙欄　花口　單魚尾

010 **南海先生戊戌奏稿**不分卷　　　　　　　　　　14–77

清，康有為撰

宣統3年（1911）鉛印本

16.9×13.2cm　11行23字　四周單欄　花口

傳記類

001 **孔子編年**4卷　**孟子編年**4卷　　　　　　　　　　　東史15-3
　　清，狄子奇編
　　光緒13年（1887）浙江書局刊本
　　16.8×11.6cm　10行22字　左右雙欄　花口　單魚尾

002 **東家雜記** 2卷　　　　　　　　　　　　　　　　　　15-9
　　宋，孔　傳撰
　　清，張氏愛日精廬影宋刊本
　　19.2×13.1cm　9行21字　四周單欄　黑口　單魚尾

003 **紫陽文公先生年譜** 5卷　　　　　　　　　　　　　支哲51-39
　　明，朱　凌撰
　　嘉靖41年（1562）刊本
　　20.4×15cm　7行18字　四周單欄　白口

004 **朱子年譜**4卷　考異4卷　附錄 2卷　　　　　　　　51-34
　　清，王懋竑撰　　　　　　　　　　　　　　　　　　51-37
　　清末浙江書局補刊白田草堂本（兩部）
　　17.6×13.4cm　8行20字　左右雙欄　花口　單魚尾

005 **同上**　　　　　　　　　　　　　　　　　　　　51-35
　　清末武昌書局校刊白田草堂本

006 **朱子年譜**不分卷　　　　　　　　　　　　　　　　51-36
　　清，鄭士範撰
　　光緒6年（1880）刊本
　　18.8×14.7cm　10行22字　四周雙欄　花口　雙魚尾

007 **朱子年譜綱目**12卷　首・末各 1卷　　　　　　　　51-38

清，李元祿撰

嘉慶7年（1802）敬修齋刊本

20.9×13.7cm　6行26字　左右雙欄　花口　單魚尾

008　**質齋先生年譜**不分卷　　　　　　　　　　　　　高瀨史12

清，王其慎撰

清末刊本

19.3×12.5cm　7行16字　四周雙欄　白口　單魚尾

009　**宋名臣言行錄**前集10卷　後集14卷　續集 8卷　別　　東史15-57

集26卷　外集17卷

前後集宋，朱　熹撰　其餘宋，李幼武撰

同治7年（1868）臨川桂氏刊本

20×13.1cm　12行23字　左右雙欄　黑口　單魚尾

010　**元朝名臣事略**15卷　　　　　　　　　　　　　　15-8

元，蘇天爵撰

光緒5年（1879）謙德堂刊聚珍本

18.1×12.4cm　10行22字　四周雙欄　黑口

011　**兩浙名賢錄**62卷　　　　　　　　　　　　　　支哲15-15

明，徐象梅撰

光緒26年（1900）浙江書局刊本

18×13.5cm　10行21字　左右雙欄　花口　單魚尾

012　**歷代名臣言行錄**24卷　　　　　　　　　　　　東史15-1

清，朱　桓撰

光緒26年（1900）湖南書局刊本

20.4×14.3cm　11行26字　四周單欄　花口　單魚尾

013　**列女傳校讀本** 8卷　　　　　　　　　　　　　15-2

清，梁　端撰

　　　道光11年（1831）振綺堂刊本

　　　17.4×12cm　11行19字　左右雙欄　白口　單魚尾

014　**從政觀法錄**30卷　　　　　　　　　　　　　　　　15-4

　　　清，朱方增撰

　　　道光10年（1830）刊本

　　　17.8×13.6cm　10行21字　左右雙欄　花口　單魚尾

015　**國朝學案小識**15卷　　　　　　　　　　　　　　15-5

　　　清，唐　鑑撰

　　　光緒10年（1884）重刻四砭齋刊本

　　　17.3×14.1cm　10行21字　左右雙欄　黑口　雙魚尾

016　**同上**　　　　　　　　　　　　　　　　　　　　高瀨子93

　　　光緒10年（1884）重刻四砭齋刊本

　　　17.3×14.1cm　10行21字　左右雙欄　黑口　雙魚尾

017　**國朝先正事略**60卷　　　　　　　　　　　　　東史15-7

　　　清，李元度撰

　　　同治8年（1869）循陔草堂刊本

　　　15.3×10cm　10行24字　四周雙欄　花口　單魚尾

018　**同上**　　　　　　　　　　　　　　　　　　　高瀨史10

　　　光緒28年（1902）上海仁昌成記石印書局石印本

　　　17.1×11.9cm　24行52字　四周雙欄　花口　單魚尾

019　**國朝漢學師承記** 8卷　　　　　　　　　　　　支哲15-10

　　　清，江　藩撰

　　　光緒9年（1883）山西書局刊本

　　　16.7×12cm　9行21字　左右雙欄　白口　單魚尾

020　**國朝書人輯略**11卷　首 1卷　　　　　　　　　東史15-12

　　　清，震　鈞撰

光緒34年（1908）刊本

13×9.2cm　9行21字　左右雙欄　黑口　雙魚尾

021　**三續疑年錄**10卷　　　　　　　　　　　　　　　　支哲15-13

清，陸心源撰

光緒5年（1879）刊本

17.3×12.1cm　10行20字　四周雙欄　花口　單魚尾

022　**元祐黨人傳**10卷　　　　　　　　　　　　　　　　15-14

清，陸心源撰

光緒15年（1839）刊本

17.2×12cm　10行21字　四周雙欄　白口　單魚尾

023　**文獻徵存錄**10卷　　　　　　　　　　　　　　　東史15-16

清，林東生撰

咸豐8年（1858）有嘉樹軒刊本

19×13.4cm　11行21字　左右雙欄　花口　單魚尾

024　**船山師友記**18卷　首 1卷　　　　　　　　　　　支哲15-56

清，羅正鈞撰

光緒33年（1907）刊本

19.1×13.6cm　10行24字　左右雙欄　黑口

025　**淡墨錄**16卷　　　　　　　　　　　　　　　　　中文17-175

清，李調元撰

乾隆60年（1795）萬卷樓刊本

17×11.3cm　10行20字　四周雙欄　花口　單魚尾

026　**史姓韻編**64卷　　　　　　　　　　　　　　　　東史19-3

清，汪輝祖撰

乾隆48年（1783）刊本

19.3×13.6cm　8行19字　四周單欄　黑口　單魚尾

027 **同上**　　　　　　　　　　　　　　　　　　　　　高瀬史1

　　光緒10年（1884）耕餘樓書局聚珍本

　　14.9×10cm　12行　四周單欄　白口　單魚尾

028 **宋元學案**100卷　首1卷　　　　　　　　　　　　支哲51–20

　　清，全祖望撰　　　　　　　　　　　　　　　　　　　51–24

　　光緒 5年（1879）長沙寄廬刊本（三部）　　　　　高瀬子38

　　16.9×13.3cm　10行24字　左右雙欄　黑口　雙魚尾

029 **明儒學案**62卷　　　　　　　　　　　　　　　　　支哲51–23

　　清，黃宗羲撰　　　　　　　　　　　　　　　　　　　51–230

　　道光元年（1821）刊本（三部）　　　　　　　　　　51–207

　　18.3×14cm　12行24字　左右雙欄　黑口　雙魚尾

030 **同上**　　　　　　　　　　　　　　　　　　　　　高瀬子34

　　康熙32年（1693）會稽莫氏刊本

　　版式同上

031 **同上**　　　　　　　　　　　　　　　　　　　　　子88

　　光緒14年（1888）南昌縣學刊本

　　15.8×11cm　9行20字　左右雙欄　花口　單魚尾

032 **清儒學案** 208卷　　　　　　　　　　　　　　　　支哲51–126

　　清，徐世昌撰

　　清末刊本

　　19×15cm　12行24字　左右雙欄　小黑口　單魚尾

033 **中興名臣事略** 8卷　　　　　　　　　　　　　　　高瀬史11

　　清，朱孔彰撰

　　光緒24年（1898）上海仁昌成記石印書局石印本

　　16.9×11.8cm　14行52字　四周雙欄　花口　單魚尾

034 **崇祀名宦錄**不分卷　　　　　　　　　　　　　　　史13

清，不著編人

光緒元年（1875）刊本

19×13cm　8行22字　四周雙欄　白口　單魚尾

035 **國朝事略** 5卷　　　　　　　　　　　　　　　　　　史14

清，不著編人

光緒33年（1907）廣東學務公所印刷處聚珍本

18.2×12.5cm　12行32字　四周雙欄　白口　單魚尾

036 **濂溪志** 7卷　　　　　　　　　　　　　　　　支哲51-102

清，周　誥編

道光19年（1839）愛蓮堂刊本

19×12.5cm　9行22字　四周雙欄　花口　單魚尾

037 **歷代畫史彙傳**72卷　　　　　　　　　　　　　　支文33-9

清，彭蘊璨撰

光緒8年（1882）掃葉山房刊本

14.6×10.2cm　8行20字　四周雙欄　黑口

038 **涑水司馬氏源流集略** 7卷　　　　　　　　　　支哲28-27

明，司馬晰撰

萬曆15年（1587）刊本

19.3×13.8cm　9行20字　四周雙欄　花口　單魚尾

039 **三教會編** 9卷　　　　　　　　　　　　　　　東史14-54

明，林兆恩編

萬曆16年（1588）刊本

20.6×13.6cm　9行19字　四周單欄　花口　單魚尾

史鈔類

001 **南史識小錄**8卷　　**北史識小錄**8卷　　　　　　　　　東史14–14

　　清，沈名蓀　朱昆田合編

　　同治10年（1871）清來堂刊本

　　16.3×11.4cm　11行20字　左右雙欄　花口　單魚尾

載記類

001 **南唐書**18卷　　　　　　　　　　　　　　　　　　　東史13–16

　　宋，陸　游撰

　　明，胡震亨刊秘冊彙函本

　　19.4×13.8cm　9行18字　左右雙欄　白口　單魚尾

002 **十國春秋** 116卷　　　　　　　　　　　　　　　　　　14–12

　　清，吳任臣撰

　　乾隆58年（1793）此宜閣刊本

　　21×14.1cm　10行21字　左右雙欄　花口　單魚尾

時令類

001 **月令輯要**24卷　首 1卷　　　　　　　　　　　　　　東史17–4

　　清，李光地等奉敕撰

　　康熙55年（1716）武英殿刊本

　　18.5×12.4cm　7行20字　四周雙欄　花口　單魚尾

地理類

001　**括地志**　8卷　　　　　　　　　　　　　　　　　　　東史16-38

　　　魏，王　泰撰

　　　光緒12年（1886）吳縣朱氏槐廬叢書本

　　　18.8×13.6cm　11行24字　左右雙欄　黑口　雙魚尾

002　**元和郡縣志**40卷　　　　　　　　　　　　　　　　　　16-35

　　　唐，李吉甫撰

　　　光緒19年（1893）刊本

　　　19.1×12.5cm　9行21字　四周雙欄　花口　單魚尾

003　**太平寰宇記**　200卷　　　　　　　　　　　　　　　　16-2

　　　宋，樂　史撰

　　　嘉慶8年（1803）刊本

　　　18.×11.8cm　10行22字　四周雙欄　黑口　雙魚尾

004　**元豐九域志**10卷　　　　　　　　　　　　　　　　　　16-18

　　　宋，王　存等奉敕撰

　　　乾隆間武英殿聚珍本

　　　18.6×12.7cm　9行21字　四周雙欄　花口　單魚尾

005　**輿地紀勝**　200卷　　　　　　　　　　　　　　　　　16-11

　　　宋，王象之撰

　　　道光29年（1849）懼盈齋墟文選樓影宋抄本重刊

　　　19.3×15.6cm　10行20字　左右雙欄　花口　單魚尾

006　**天下一統志**90卷　　（明一統志）　　　　　　　　　16-9

　　　明，李　賢等奉敕撰

　　　明，文林閣刊本

　　　21.4×14.7cm　10行22字　四周單欄　花口　單魚尾

007　**大清一統志**　500卷　　　　　　　　　　　　　　　16-26

　　　乾隆29年敕撰

　　　　光緒28年（1902）上海寶善齋石印本

　　　　20.6×13.8cm　20行42字　左右雙欄　花口　單魚尾

008　**讀史方輿紀要** 130卷　　　　　　　　　　　　　　16–14

　　　　清，顧祖禹撰

　　　　道光間敷文閣刊本

　　　　19×12.9cm　10行21字　四周雙欄　花口　單魚尾

009　**四書釋地補**　續補　又補　三補不分卷　　　　　　16–44

　　　　清，嚴若璩撰

　　　　嘉慶21年（1816）海涵堂刊本

　　　　18.1×12.5cm　9行21字　左右雙欄　黑口

010　**新斠注地理志集釋**16卷　　　　　　　　　　　　　16–22

　　　　清，錢　坫撰　徐松集釋

　　　　同治13年（1874）會稽章氏刊本

　　　　21.2×15.5cm　11行22字　四周單欄　黑口　雙魚尾

011　**補三國疆域志** 2卷　　　　　　　　　　　　　　　16–16

　　　　清，洪亮吉撰

　　　　乾隆46年（1781）西安孫星衍刊本

　　　　19.7×14.9cm　12行24字　四周單欄　黑口　雙魚尾

012　**東晉疆域志** 4卷　　　　　　　　　　　　　　　　16–28

　　　　清，洪亮吉撰

　　　　嘉慶元年（1796）京師刊本

　　　　19.7×15cm　12行24字　四周單欄　黑口　雙魚尾

013　**十六國疆域志**16卷　　　　　　　　　　　　　　　16–17

　　　　清，洪亮吉撰

　　　　嘉慶3年（1798）京師刊本

　　　　19×15cm　12行24字　四周單欄　黑口　雙魚尾

014 **補梁疆域志** 4卷　　　　　　　　　　　　　　　　16-4
　　清，洪齮孫撰
　　道光15年（1835）刊本
　　19.3×15.3cm　12行24字　左右雙欄　黑口　雙魚尾

015 **重訂隋書地理志考證** 9卷　附 2卷　　　　　　　　支文16-45
　　清，楊守敬撰
　　光緒27年（1901）刊本
　　20.5×14.7cm　10行20字　左右雙欄　黑口　單魚尾

016 **歷代輿地沿革圖**　　　　　　　　　　　　　　　　東史16-48
　　清，不著編人
　　清末鄂城刊本
　　23.3×17.2cm　四周雙欄　花口　單魚尾

017 **皇朝中外一統輿圖**　　　　　　　　　　　　　　　16-31
　　清，嚴樹森撰
　　同治2年（1863）湖北撫署刊本
　　22.8×17.7cm　四周雙欄　花口　單魚尾

018 **衛藏通志**16卷　　　　　　　　　　　　　　　　　16-20
　　清，袁　昶撰
　　光緒22年（1896）漸西村舍刊本
　　18.8×13.7cm　10行21字　左右雙欄　白口　單魚尾

019 **欽定皇輿西域圖志**52卷　　　　　　　　　　　　　16-21
　　清，劉統勳奉敕撰
　　清末刊本
　　21×14.7cm　9行20字　四周雙欄　花口　單魚尾

020 **三國郡縣表補正** 8卷　　　　　　　　　　　　　　16-46
　　清，吳增僅撰

　　　光緒33年（1907）鄂城刊本

　　　21.7×13.7cm　10行26字　四周雙欄　花口　單魚尾

021　**景定建康志**50卷　　　　　　　　　　　　　　　　支文16–58

　　　宋，周應合撰

　　　嘉慶6年（1801）兩江制署刊本

　　　20.2×13.5cm　9行20字　左右雙欄　白口　雙魚尾

022　**江寧府志**56卷　　　　　　　　　　　　　　　　　16–62

　　　清，呂燕昭撰

　　　嘉慶16年（1811）刊本

　　　20×14.4cm　10行21字　左右雙欄　花口　單魚尾

023　**江寧府志**56卷　附校勘記 1卷　　　　　　　　　634–ユ–15

　　　清，呂燕昭撰

　　　光緒6年（1880）刊本

　　　20.4×15.6cm　12行25字　四周雙欄　花口　單魚尾

024　**同治上江兩縣志**28卷　附 1卷　　　　　　　　　支文16–63

　　　清，莫祥芝　甘紹盤合纂

　　　同治13年（1874）刊本

　　　21.3×13.8cm　10行25字　四周雙欄　黑口　雙魚尾

025　**同上**　　　　　　　　　　　　　　　　　　　　634–シ–11

　　　光緒2年（1876）據同治版重印

026　**金山縣志**30卷　首 1卷　　　　　　　　　　　　支文16–66

　　　清，龔寶琦等編

　　　光緒4年（1878）刊本

　　　19.4×13.8cm　10行22字　左右雙欄　花口　單魚尾

027　**江都縣志**32卷　首 1卷　　　　　　　　　　　　16–67

　　　清，五　格、黃　湘合纂

　　　乾隆8年（1743）刊本

　　　20×15cm　10行21字　左右雙欄　花口　單魚尾

028　同上　　　　　　　　　　　　　　　　　　　　634－ユ－17

　　　光緒7年（1881）江都縣署據乾隆版重印

029　光緒江都縣續志30卷　首 1卷　　　　　　　　634－ユ－18
　　　清，謝延庚撰　　　　　　　　　　　　　　　　支文16－68

　　　光緒10年（1884）刊本（兩部）

　　　19.3×15.1cm　10行21字　左右雙欄　黑口

030　崇明縣志18卷　　　　　　　　　　　　　　　支文16－70
　　　清，黃清憲撰

　　　光緒6年（1880）刊本

　　　17.8×12.5cm　12行23字　四周雙欄　花口　單魚尾

031　淮安府志40卷　首 1卷　　　　　　　　　　　　16－71
　　　清，黎培敬等編

　　　光緒10年（1884）刊本

　　　18.2×14.4cm　10行22字　左右雙欄　花口　單魚尾

032　無錫金匱縣志40卷　首1卷　附編2卷　　　　　16－77
　　　清，秦湘業撰

　　　光緒29年（1903）刊本

　　　17.9×13.9cm　10行22字　左右雙欄　花口　單魚尾

033　同上　　　　　　　　　　　　　　　　　　　　634－ム－1

　　　宣統2年（1910）據光緒版重印

034　上海縣志32卷　圖說1卷敍錄1卷　　　　　　　支文16－73
　　　清，應寶時等編

　　　同治10年（1871）吳門縣署刊本

　　　17.9×12.8cm　12行23字　四周雙欄　花口　單魚尾

035 **邳州志**20卷　首 1卷　支文16-76
清，魯一同撰　634-ヒ-1
咸豐元年（1851）刊本（兩部）
19.8×14.9cm　10行21字　四周雙欄　花口　單魚尾

036 **江陰縣志**30卷　首 1卷　支文16-78
清，盧思誠等編
光緒4年（1878）刊本
21.1×14.9cm　10行22字　左右雙欄　花口　單魚尾

037 **丹陽縣志**36卷　首 1卷　16-80
清，凌　焯等編
光緒11年（1885）刊本
18.2×13.8cm　10行21字　左右雙欄　花口　單魚尾

038 **揚州府志**72卷　首 1卷　支文16-80
清，阿克當阿等編　634-ヨ-1
嘉慶15年（1815）刊本（三部）　634-ヨ-4
21.7×14.5cm　10行23字　四周單欄　花口　單魚尾

039 **（續纂）揚州府志**24卷　634-ソ-1
清，晏端書等編
同治13年（1874）刊本
20.2×14.4cm　10行21字　四周單欄　花口　單魚尾

040 **嘉定縣志**32卷　首 1卷　支文16-82
清，田　祚等編
光緒7年（1881）尊經閣刊本
19.3×13.8cm　11行22字　左右雙欄　花口　單魚尾

041 **歸安縣志**52卷　支文16-88

　　　清，陸心源撰　　　　　　　　　　　　634－キ－7

　　　光緒7年（1881）刊本（兩部）

　　　19.2×13cm　　10行21字　　四周雙欄　　花口　　單魚尾

042　浙江通志280卷　首1卷　　　　　　　　　　634－セ－1

　　　清，嵇曾筠等奉敕編

　　　乾隆元年（1736）刊本

　　　19.8×14.9cm　　10行22字　　四周雙欄　　花口　　單魚尾

043　咸淳臨安志　100卷　　　　　　　　　　　東史16－12

　　　宋，潛說友撰

　　　道光10年（1830）錢塘汪氏振綺堂仿宋刊本

　　　19×14.4cm　　10行20字　　左右雙欄　　黑口　　單魚尾

044　溫州府志30卷　首　1卷　　　　　　　　　支文16－89

　　　清，朱　椿等編

　　　同治5年（1866）寶文坊刊本

　　　19.5×14.8cm　　10行22字　　四周雙欄　　花口　　單魚尾

045　道光金華縣志12卷　首　1卷　　　　　　　16－91

　　　清，景　昌等編

　　　道光3年（1823）刊本

　　　19.8×14.4cm　　10行22字　　四周單欄　　花口　　單魚尾

046　（續纂）淳安縣志16卷　首　1卷　　　　　16－93

　　　清，李　詩等編

　　　光緒10年（1884）淳安縣署刊本

　　　19×13.8cm　　10行22字　　四周雙欄　　花口　　單魚尾

047　山陰縣志30卷　首　1卷　　　　　　　　　16－94

　　　清，徐元梅撰

　　　嘉慶8年（1803）山陰縣署刊本

　　　　18.8×14.4cm　12行24字　四周單欄　花口　單魚尾

048　**寧波府志**36卷　首 1卷　　　　　　　　　　　　　　　16-95

　　　清，曹秉仁撰

　　　乾隆6年（1741）刊本

　　　21.2×14.7cm　9行22字　四周雙欄　花口　單魚尾

049　**鎭海縣志**40卷　　　　　　　　　　　　　　　　　　16-96

　　　清，俞　樾撰

　　　光緒5年（1879）鯤池書院刊本

　　　18×13.8cm　11行22字　左右雙欄　花口　單魚尾

050　**錢塘縣志**不分卷　　　　　　　　　　　　　　　634-セ-4

　　　明，聶心湯撰

　　　光緒19年（1893）武林丁氏刊本

　　　16.8×11.8cm　10行20字　四周雙欄　白口　單魚尾

051　**紹興府志**80卷　首 1卷　　　　　　　　　　　　支文16-97

　　　清，李亨特撰

　　　乾隆57年（1792）紹興府署刊本

　　　19.1×13.6cm　10行23字　四周雙欄　花口　單魚尾

052　**處州府志**30卷　首、末各 1卷　　　　　　　　　　　16-98

　　　清，潘紹詒撰

　　　光緒3年（1877）刊本

　　　18.2×13.6cm　10行21字　四周雙欄　花口　單魚尾

053　**蘭溪縣志**8卷　首1卷補遺 1卷　　　　　　　　　　16-100

　　　清，秦　簧等編

　　　光緒13年（1887）刊本

　　　19×13.9cm　10行22字　四周雙欄　花口　單魚尾

054　**餘姚縣志**27卷　首、末各 1卷　　　　　　　　　　16-101

清，邵友濂撰

光緒25年（1899）刊本

17.5×13.5cm　11行22字　四周雙欄　花口　單魚尾

055 **海鹽縣志**22卷　首、末各 1卷　　　　　　　　　　16–102

清，王　彬撰

光緒3年（1877）蔚文書院刊本

19.6×14.1cm　11行22字　左右雙欄　花口　單魚尾

056 **鄞縣志**75卷　　　　　　　　　　　　　　　　16–103

清，張　恕等編

光緒3年（1877）刊本

18.2×14.8cm　12行25字　左右雙欄　花口　單魚尾

057 **江山縣志**12卷　首、末各 1卷　　　　　　　　　16–104

清，王　彬撰

同治12年（1873）文溪書院刊本

18.9×14.5cm　10行22字　左右雙欄　花口　單魚尾

058 **衢州府志**40卷　　　　　　　　　　　　　　　16–105

清，劉國光撰

光緒8年（1882）衢州府署刊本

19.8×13.1cm　9行22字　四周雙欄　黑口　雙魚尾

059 **奉化縣志**40卷　首 1卷　　　　　　　　　　　16–106

清，李前泮撰

光緒34年（1908）刊本

18.3×14.1cm　12行25字　左右雙欄　花口　單魚尾

060 **臨海縣志**15卷　首 1卷　　　　　　　　　　　16–109

清，洪若皋撰

康熙22年（1683）刊本

　　20.5×14.7cm　9行20字　四周雙欄　花口　單魚尾

061　**湖州府志**96卷　　　　　　　　　　　　　　　　　16–110

　　清，宗源翰等編

　　光緒9年（1883）愛山書院刊本

　　19.3×13.8cm　11行26字　左右雙欄　花口　單魚尾

062　**青田縣志**18卷　首 1卷　　　　　　　　　　　　　16–111

　　清，雷　銑等編

　　光緒2年（1876）青田縣署刊本

　　18.8×14.1cm　10行21字　四周雙欄　花口　單魚尾

063　**上虞縣志**48卷　首、末各 1卷　　　　　　　　　　16–112

　　清，唐煦春等編

　　光緒17年（1891）刊本

　　18.4×13.2cm　9行22字　左右雙欄　花口　單魚尾

064　**南潯鎮志**40卷　首 1卷　　　　　　　　　　　　　16–113

　　清，王日楨撰

　　咸豐9年（1859）刊本

　　18×13.5cm　10行22字　左右雙欄　黑口　雙魚尾

065　**龍泉縣志**10卷　　　　　　　　　　　　　　　　　16–114

　　清，顧國詔等編

　　光緒3年（1877）刊本

　　19.2×14.8cm　10行22字　四周雙欄　花口　單魚尾

066　**慈谿縣志**56卷　　　　　　　　　　　　　　　　　16–117

　　清，馮可鏞等編

　　光緒25年（1899）德潤書院刊本

　　18.1×14.6cm　12行25字　左右雙欄　花口　單魚尾

067　**廣德州志**60卷　首、末各 1卷　　　　　　　　　　16–118

清，丁寶書等編

光緒7年（1881）刊本

20×13.4cm　9行22字　四周雙欄　花口　單魚尾

068 **續修盧州縣志**100卷　首、末各1卷　　　　　　　　16–119

清，李翰章等編

光緒11年（1885）刊本

20.4×14.6cm　11行23字　左右雙欄　花口　單魚尾

069 **盱眙縣志稿**17卷　　　　　　　　　　　　　　　16–120

清，王錫元撰

光緒29年（1903）刊本

17.9×14.2cm　10行21字　左右雙欄　花口　單魚尾

070 **鳳陽府志**21卷　　　　　　　　　　　　　　　　16–122

清，馮　煦等編

光緒34年（1908）聚珍本

21.5×13.4cm　10行24字　左右雙欄　花口　單魚尾

071 **滁州志**10卷　首、末各 1卷　　　　　　　　　　　16–125

清，熊祖詒撰

光緒23年（1897）刊本

18.8×13.5cm　10行22字　左右雙欄　花口　單魚尾

072 **饒州府志**32卷　首 1卷　　　　　　　　　　　　16–127

清，錫　德等編

同治11年（1872）饒州府學刊本

20×13cm　10行24字　左右雙欄　花口　單魚尾

073 **臨江府志**32卷　首 1卷　　　　　　　　　　　　16–129

清，劉坤一等編

同治10年（1871）臨江府署刊本

　　　20.8×15cm　10行21字　四周雙欄　花口　單魚尾

074　**清江縣志**10卷　首　1卷　　　　　　　　　　16–130

　　　清，劉坤一等編

　　　同治9年（1870）清江縣署刊本

　　　20×13.9cm　10行23字　左右雙欄　花口　單魚尾

075　**安陸縣志**40卷　首　1卷　　　　　　　　　　16–131

　　　清，王履謙撰

　　　道光23年（1843）刊本

　　　19.7×14cm　10行22字　左右雙欄　花口　單魚尾

076　**蒲圻縣志**　8卷　　　　　　　　　　　　　　16–132

　　　清，顧際熙等編

　　　同治5年（1866）朝陽書院刊本

　　　21×14.6cm　11行23字　四周雙欄　白口　雙魚尾

077　**續輯均州志**16卷　首　1卷　　　　　　　支文16–135

　　　清，賈洪詔等編　　　　　　　　　　　　　634–キ–12

　　　光緒10年（1884）均州志局刊本（兩部）

　　　19.7×13.8cm　9行21字　四周雙欄　花口　單魚尾

078　**沔陽州志**12卷　首　1卷　　　　　　　　　支文16–136

　　　清，楊　鉅撰

　　　光緒20年（1894）沔陽學署刊本

　　　19.3×13.7cm　10行23字　四周雙欄　花口　單魚尾

079　**黃州府志**40卷　首　1卷　　　　　　　　　　16–137

　　　清，英　啓等編

　　　光緒10年（1884）黃州府署朱印本

　　　20.6×14.5cm　11行25字　四周雙欄　花口　單魚尾

080　**湘陰縣圖志**34卷　首、末各　1卷　　　　　　16–138

清，郭嵩燾撰

光緒6年（1880）湘陰縣志局刊本

18.4×12.6cm　12行26字　左右雙欄　花口　單魚尾

081　**衡陽縣志**12卷　　　　　　　　　　　　　　　16－139

清，殷家儁撰

同治13年（1874）刊本

20.3×15cm　10行21字　四周雙欄　白口　單魚尾

082　**湘潭縣圖志**12卷　　　　　　　　　　　　　　16－140

清，陳嘉榆撰

光緒15年（1889）刊本

21.3×14.7cm　10行21字　四周雙欄　白口　單魚尾

083　**益都縣圖志**54卷　　　　　　　　　　　　　支文16－141

清，法偉堂撰　　　　　　　　　　　　　　　　623－エ－3

光緒33年（1907）刊本（兩部）

18×13.5cm　11行23字　四周單欄　花口　單魚尾

084　**萊州府志**16卷　　　　　　　　　　　　　　支文16－142

清，嚴有禧等編

乾隆5年（1704）刊本

20.2×14.5cm　10行24字　四周雙欄　花口　單魚尾

085　**泰安縣志**12卷　首、末各 1卷　　　　　　　支文16－143

清，蔣大慶等編　　　　　　　　　　　　　　634－タ－1

道光8年（1828）刊本（兩部）

18.4×14.6cm　9行21字　左右雙欄　花口　單魚尾

086　**濰縣志**12卷　首、末各 1卷　　　　　　　　支文16－144

清，張耀璧等編

乾隆25年（1760）刊本

　　18.6×14cm　9行21字　　左右雙欄　　花口　　單魚尾

087　**莒州志**12卷　首 1卷　　　　　　　　　　　　　　16–145

　　清，許紹錦等編

　　嘉慶元年（1796）刊本

　　19.8×14cm　9行22字　　四周雙欄　　花口　　單魚尾

088　**諸城縣志**46卷　　　　　　　　　　　　　　　　16–146

　　清，宮懋讓等編

　　乾隆29年（1764）刊本

　　20.2×15.1cm　10行21字　　四周單欄　　黑口　　雙魚尾

089　**諸城縣續志**22卷　　　　　　　　　　　　　634–シ–7

　　清，劉光斗等編

　　道光14年（1834）刊本

　　19.3×14.8cm　10行21字　　四周單欄　　黑口　　雙魚尾

090　**淄川縣志** 8卷　　　　　　　　　　　　　　支文16–148

　　清，王　康等編

　　乾隆8年（1743）刊本

　　17.6×13.8cm　10行20字　　四周單欄　　花口　　單魚尾

091　**鄒縣志** 3卷　　　　　　　　　　　　　　　　16–149

　　清，婁一均等編

　　清刊本

　　17.2×13.5cm　10行20字　　四周雙欄　　花口　　單魚尾

092　**廣州府志** 163卷　　　　　　　　　　　　　　　16–150

　　清，瑞　麟等編

　　光緒5年（1879）粵秀書院刊本

　　18.3×14.8cm　12行23字　　四周單欄　　花口　　雙魚尾

093　**番禺縣志**54卷　首 1卷　　　　　　　　　　　　16–152

　　　　清，史　澄等編

　　　　同治10年（1871）光霽堂刊本

　　　　19.1×15cm　12行23字　四周單欄　花口　雙魚尾

094　**潮州府志**42卷　首 1卷　　　　　　　　　　　16-153

　　　　清，周碩勳撰

　　　　光緒19年（1893）珠蘭書屋刊本

　　　　20.6×15.1cm　10行20字　四周雙欄　花口　單魚尾

095　**杞縣志**24卷　　　　　　　　　　　　　　支文16-154

　　　　清，畢　沅等編　　　　　　　　　　　634-キ-9

　　　　乾隆53年（1788）刊本（兩部）

　　　　18×14.3cm　10行21字　左右雙欄　花口　單魚尾

096　**商邱縣志**20卷　首 1卷　　　　　　　　　支文16-155

　　　　清，張多壽等編

　　　　光緒11年（1885）刊本

　　　　18.5×13.9cm　9行20字　四周單欄　花口　單魚尾

097　**萊縣志**10卷　首1卷　附錄1卷　　　　　　支文16-156

　　　　清，歐陽霖等編　　　　　　　　　　　634-ヨ-2

　　　　光緒22年（1896）刊本（兩部）

　　　　17.6×13.6cm　10行22字　四周雙欄　花口　單魚尾

098　**天津府志**53卷　首 1卷　　　　　　　　　支文16-157

　　　　清，徐宗亮等編

　　　　光緒25年（1899）天津府署刊本

　　　　16.8×13.8cm　10行21字　左右雙欄　花口　單魚尾

099　**續天津縣志**20卷　首 1卷　　　　　　　　　16-158

　　　　清，吳惠元等編

　　　　同治9年（1870）刊本

　　　18.9×14.1cm　10行20字　四周雙欄　花口　單魚尾

100　**永年縣志**40卷　首 1卷　　　　　　　　　　　　支文16-159

　　　清，夏詒鈺撰　　　　　　　　　　　　　　　　　634-エ-7

　　　光緒3年（1877）刊本（兩部）

　　　18.4×14.1cm　10行22字　四周雙欄　花口　單魚尾

101　**南皮縣志**15卷　首 1卷　　　　　　　　　　　　支文16-161

　　　清，殷樹森等編　　　　　　　　　　　　　　　　634-ナ-1

　　　光緒14年（1888）南皮縣署刊本（兩部）

　　　17.7×14.5cm　10行21字　四周雙欄　花口　單魚尾

103　**清河縣志**18卷　　　　　　　　　　　　　　　　支文16-160

　　　清，郭兆藩等編

　　　同治11年（1872）清河縣署刊本

　　　18.7×14.2cm　10行22字　四周雙欄　花口　單魚尾

104　**磁州志**18卷　　　　　　　　　　　　　　　　　16-162

　　　清，蔣　擢撰

　　　清刊本

　　　19.2×14cm　9行20字　左右雙欄　花口　單魚尾

105　**磁州續志**6卷　首1卷　　　　　　　　　　　　　16-163

　　　清，程光瀅撰

　　　同治13年（1874）刊本

　　　20.2×14.2cm　9行20字　左右雙欄　花口　單魚尾

106　**邯鄲縣志**12卷　首 1卷　　　　　　　　　　　　16-164

　　　清，王　炯撰

　　　乾隆21年（1756）刊本

　　　19.4×14cm　9行20字　四周雙欄　花口　單魚尾

107　**昌黎縣志**10卷　　　　　　　　　　　　　　　　16-165

　　　清，馬　恂等編

　　　同治4年（1865）刊本

　　　19×13.9cm　9行20字　四周雙欄　花口　單魚尾

108　**任邱縣志續編** 2卷　　　　　　　　　　　　　　16-167

　　　清，鮑承彞等編

　　　道光17年（1837）刊本

　　　18.6×14.9cm　9行18字　左右雙欄　花口　單魚尾

109　**萬全縣志**10卷　首 1卷　　　　　　　　　　　　16-168

　　　清，左承業撰

　　　道光14年（1834）刊本

　　　17.8×14.3cm　10行21字　四周雙欄　花口　單魚尾

110　**蔚州志**20卷　首 1卷　　　　　　　　　　支文16-170

　　　清，慶之金等編　　　　　　　　　　　　　東史16-372

　　　光緒3年（1877）蘿川公廨刊本（兩部）

　　　18.5×14.3cm　10行23字　四周雙欄　花口　單魚尾

111　**汾陽縣志**14卷　首 1卷　　　　　　　　　支文16-171

　　　清，方家駒等編

　　　光緒8年 、1882）刊本

　　　20×14cm　10行21字　左右雙欄　花口　單魚尾

112　**聞喜縣志**12卷　　　　　　　　　　　　　　16-172

　　　清，李遵唐等編

　　　乾隆31年（1766）刊本

　　　19.2×15.9cm　10行22字　左右雙欄　花口　單魚尾

113　**聞喜縣志斠**3卷　首1卷　　　　　　　　　　16-173

　　　清，陳作哲等編

　　　光緒間刊本

19×15.6cm　10行22字　左右雙欄　花口　單魚尾

114 **聞喜縣志補** 4卷　　　　　　　　　　　　　　16–174

清，陳作哲等編

光緒6年（1880）刊本

19.2×15.8cm　10行22字　左右雙欄　花口　單魚尾

115 **聞喜縣志續** 4卷　　　　　　　　　　　　　　16–175

清，陳作哲等編

光緒間刊本

19×16cm　10行22字　左右雙欄　花口　單魚尾

116 **直隸忻州志**42卷　首 1卷　　　　　　　　　　16–176

清，方戊昌撰

光緒6年（1880）忻州官署刊本

19.3×13.5cm　10行22字　四周雙欄　花口　單魚尾

117 **夏縣志**10卷　首 1卷　　　　　　　　　　　　16–177

清，黃縉榮撰

光緒6年（1880）刊本

19.6×14.1cm　10行21字　四周雙欄　花口　單魚尾

118 **陽高縣志** 6卷　　　　　　　　　　　　　　　16–178

清，蘇之芬等編

清末手抄本

22.2×15.5cm　9行21字　四周單欄　花口　單魚尾

119 **五臺新志** 4卷　首 1卷　　　　　　　　　　　16–179

清，王步墀撰

光緒9年（1883）崇實書院刊本

18.2×13.5cm　9行20字　四周雙欄　黑口　單魚尾

120 **平陸縣志**16卷　首 1卷　　　　　　　　　　　16–180

清，韓奭典等編

乾隆28年（1763）平陸縣衙刊本

18×16.1cm　10行21字　左右雙欄　花口　單魚尾

121 **福州府志**76卷　首 1卷　　　　　　　　　　　　　16–181

清，徐景熹等編

乾隆19年（1754）刊本

20×13.3cm　9行22字　四周雙欄　花口　單魚尾

122 **汀州府志**45卷　首 1卷　　　　　　　　　　　　　16–182

清，曾曰瑛等編

同治6年（1867）刊本

22.5×16.7cm　9行20字　左右雙欄　花口　單魚尾

123 **五涼考治六德集全誌** 5卷　　　　　　　　　　　　16–183

清，張玿美等編

乾隆14年（1749）刊本

24×18cm　12行30字　四周單欄　花口　單魚尾

124 **皋蘭縣志**20卷　　　　　　　　　　　　　　　　　16–184

清，吳鼎新等編

乾隆43年（1778）刊本

18.7×13.7cm　9行23字　四周雙欄　花口　單魚尾

125 **赤城縣志** 8卷　首 1卷　　　　　　　　　　　　　16–185

清，孟思誼撰

乾隆24年（1759）刊本

18×14.9cm　10行22字　左右雙欄　花口　單魚尾

126 **赤城縣續志**10卷　首 1卷　　　　　　　　　　　　16–186

清，林牟貽等編

光緒7年（1881）赤城公署刊本

　　17.7×15cm　10行22字　左右雙欄　花口　單魚尾

127　**承德府志**60卷　首26卷　　　　　　　　　　　　支文16–187

　　清，廷　杰等編　　　　　　　　　　　　　　　634–シ–3

　　光緒13年（1887）刊本（兩部）

　　19×14.3cm　9行21字　四周雙欄　花口　單魚尾

128　**米脂縣志**12卷　　　　　　　　　　　　　　　　支文16–189

　　清，高照煦等編

　　光緒33年（1907）刊本　公記印字局刷印

　　18.4×12.1cm　10行24字　四周雙欄　花口　單魚尾

129　**澄城縣志**20卷　　　　　　　　　　　　　　　　16–190

　　清，洪亮吉　孫星衍合撰

　　乾隆49年（1784）澄城縣衙刊本

　　19.8×14.8cm　12行24字　四周單欄　黑口　雙魚尾

130　**武功縣志**　3卷　首　1卷　　　　　　　　　　　支文16–191

　　清，康　海撰　　　　　　　　　　　　　　　　634–フ–4

　　同治12年（1873）湖北崇文書局刊本（兩部）

　　18.2×12.5cm　9行21字　四周雙欄　花口　單魚尾

131　**同上**　　　　　　　　　　　　　　　　　　　634–フ–5

　　乾隆26年（1761）刊本

　　19.8×14.7cm　12行25字　四周雙欄　白口　單魚尾

132　**鳳縣志**10卷　首　1卷　　　　　　　　　　　　支文16–192

　　清，朱子春等編　　　　　　　　　　　　　　　634–ホ–3

　　光緒18年（1892）鳳縣署刊本（兩部）

　　19.9×14.8cm　9行24字　四周雙欄　花口　單魚尾

133　**醴泉縣志**14卷　　　　　　　　　　　　　　　　支文16–193

　　清，蔣騏昌　孫星衍合撰

　　　　乾隆49年（1784）刊本

　　　　19.8×15cm　12行24字　四周單欄　黑口　雙魚尾

134 **扶風縣志**17卷　　　　　　　　　　　　　　　　　　16-194

　　　　清，宋世犖等編

　　　　嘉慶24年（1819）刊本

　　　　18.8×15.8cm　11行23字　左右單欄　花口　單魚尾

135 **遵義府志**48卷　首　1卷　　　　　　　　　　　　　16-195

　　　　清，鄭　珍等編

　　　　道光21年（1841）刊本

　　　　20.1×13.9cm　10行22字　左右雙欄　花口　雙魚尾

136 **禹城縣志**12卷　　　　　　　　　　　　　　　　　　16-199

　　　　清，牟應震撰

　　　　嘉慶13年（1808）刊本

　　　　17.1×13.8cm　10行20字　四周雙欄　花口　單魚尾

137 **嘉慶海州直隸州志**32卷　首　1卷　　　　　　　　　16-200

　　　　清，唐仲勉等編

　　　　嘉慶16年（1811）刊本

　　　　19.5×14.8cm　11行23字　左右雙欄　白口　單魚尾

138 **徐州府志**30卷　首　1卷　　　　　　　　　　　　　16-201

　　　　清，王　峻、石　杰合撰

　　　　乾隆7年（1742）徐州府學刊本

　　　　21.8×14.3cm　10行21字　左右雙欄　花口　單魚尾

139 **蘇州府志**150卷　首　3卷　　　　　　　　　　　　16-202

　　　　清，馮桂芬等編

　　　　光緒9年（1883）江蘇書局刊本

　　　　20.6×14.2cm　10行24字　左右雙欄　花口　單魚尾

140 **金谿縣志**36卷　首、末各 1卷　　　　　　　　　　　　16-203

清，程　芳等編

同治9年（1870）刊本

21×14.1cm　11行25字　四周雙欄　花口　單魚尾

141 **萍鄉縣志**11卷　首 1卷　　　　　　　　　　　　　　　16-204

清，不著撰人

清末手抄本

21.3×14.1cm　9行22字　四周單欄　花口　單魚尾

142 **漢陽縣志**38卷　首 1卷　　　　　　　　　　　　　　　16-207

清，黃式度等編

同治7年（1868）刊本

19.3×13.9cm　9行21字　四周雙欄　花口　單魚尾

143 **通州直隸州志**60卷　首、末各 1卷　　　　　　　　　　16-72

清，梁悅馨等編

光緒2年（1876）刊本

21×14.4cm　11行23字　左右雙欄　花口　雙魚尾

144 **濟寧直隸州志**10卷　首、末各 1卷　　　　　　　　　　16-208

清，徐宗幹等編

咸豐9年（1859）刊本

18.2×13.7cm　10行21字　左右雙欄　花口　單魚尾

145 **濟寧直隸州續志** 4卷　　　　　　　　　　　　　　　　16-209

清，盧朝安撰

咸豐9年（1859）刊本

18.7×13.6cm　10行21字　左右雙欄　花口　單魚尾

146 **直隸南雄州志**34卷　首 1卷　　　　　　　　　　　　　16-210

清，戴錫綸等編

　　　道光4年（1824）刊本

　　　19.8×14.7cm　11行21字　四周雙欄　花口　單魚尾

147　**南陽縣志** 6卷　　　　　　　　　　　　　　　　16-212

　　　清，張光祖撰

　　　康熙32年（1693）刊本

　　　19.8×13cm　9行20字　左右雙欄　花口　單魚尾

148　**解州志**18卷　首 1卷　　　　　　　　　　　　16-214

　　　清，言如泗等編

　　　乾隆29年（1764）解州官衙刊本

　　　18.9×15.8cm　10行21字　左右雙欄　花口　單魚尾

149　**渾源州續志**10卷　附恒山續志 1卷　　　　　　16-215

　　　清，賀澍恩撰

　　　光緒7年（1881）渾源州署刊本

　　　18.9×14.7cm　9行22字　左右雙欄　花口　單魚尾

150　**沁源縣志**10卷　首 1卷　　　　　　　　　　　16-216

　　　清，王廷掄等編

　　　雍正8年（1730）刊本

　　　20×15cm　9行20字　左右雙欄　花口　單魚尾

151　**汾州府志**34卷　首 1卷　　　　　　　　　　　16-217

　　　清，孫和相等編

　　　乾隆36年（1714）刊本

　　　20.1×14.3cm　10行21字　左右雙欄　花口　單魚尾

152　**大同縣志**20卷　首、末各 1卷　　　　　　　　16-218

　　　清，黎中輔撰

　　　道光10年（1830）大同縣衙刊本

　　　20.3×14.5cm　10行25字　四周雙欄　花口　單魚尾

153 **興平縣志**25卷　　　　　　　　　　　　　　　　16–219

清，顧聲雷撰

乾隆44年（1779）興平縣衙刊本

19.2×15cm　12行24字　四周單欄　黑口　雙魚尾

154 **鳳翔縣志**8卷　首1卷　　　　　　　　　　　　　16–220

清，羅　鰲撰

乾隆32年（1767）刊本

19.5×13.1cm　9行22字　四周雙欄　花口　單魚尾

155 **郿縣志**18卷　首 1卷　　　　　　　　　　　　　16–221

清，沈錫榮撰

宣統2年（1901）陝西圖書館排印本

17.5×12.3cm　12行30字　四周雙欄　花口　單魚尾

156 **岐山縣志**18卷　首 1卷　　　　　　　　　　支文16–222

清，胡昇猷等編　　　　　　　　　　　　　634－キ－4

光緒10年（1884）刊本（兩部）

20.6×14.9cm　10行24字　四周雙欄　花口　單魚尾

157 **井陘縣志** 8卷　　　　　　　　　　　　　　支文16–225

清，鍾文英等編

雍正8年（1730）井陘縣衙刊本

20.8×14.6cm　9行23字　四周雙欄　花口　單魚尾

158 **續修井陘縣志**36卷　　　　　　　　　　　　　16–226

清，常　善等編

光緒元年（1875）刊本

20.6×14.7cm　9行24字　四周雙欄　花口　單魚尾

159 **宣化縣志**30卷　　　　　　　　　　　　　　東史16–229

清，陳　坦撰

康熙末年刊本

22.6×14.9cm　9行21字　四周雙欄　花口　單魚尾

160　**泗水縣志**15卷　首 1卷　　　　　　　　　　16–232

清，張　祚等編

光緒18年（1892）泗水學署刊本

18.2×14.4cm　10行21字　左右雙欄　花口　單魚尾

161　**同治徐州府志**25卷　　　　　　　　　　　16–233

清，吳世熊等編

同治13年（1874）刊本

19.1×13.8cm　11行24字　四周雙欄　白口　雙魚尾

162　**直隸通州志**22卷　　　　　　　　　　　16–235

清，王繼祖撰

乾隆20年（1755）刊本

18.3×14cm　11行22字　左右雙欄　花口　單魚尾

163　**山東通志**36卷　　　　　　　　　　　16–236

清，岳　濬等編

清刊本

23.4×16cm　10行24字　四周雙欄　花口　單魚尾

164　**續河南通志**80卷　首 1卷　　　　　　　　16–241

清，阿思哈撰

乾隆32年（1767）開封通志局刊本

21.8×15.9cm　11行22字　四周雙欄　花口　單魚尾

165　**撫順縣志略**22卷　　　　　　　　　　　16–244

清，趙爾巽撰

宣統3年（1191）石印本

21×12.9cm　12行30字　四周雙欄　白口　單魚尾

166　**雲南縣志**12卷　　　　　　　　　　　　　　　　16-247

　　清，黃炳堃撰

　　光緒16年（1890）石印本

　　18.9×13.1cm　9行22字　四周雙欄　花口　單魚尾

167　**善化縣志**34卷　首 1卷　　　　　　　　　　　支文16-252

　　清，陳國仲等編

　　光緒3年（1877）刊本

　　21.5×14.7cm　11行25字　四周雙欄　花口　單魚尾

168　**濟南府志**72卷　首 1卷　　　　　　　　　　　支文16-253

　　清，王贈芳等編　　　　　　　　　　　　　　　　634-サ-4

　　道光19年（1839）濟南府衙刊本（兩部）

　　19.4×14cm　11行25字　四周雙欄　花口　單魚尾

169　**恩縣志** 6卷　　　　　　　　　　　　　　　　支文16-254

　　清，孫居相撰　　　　　　　　　　　　　　　　　634-オ-4

　　萬曆27年（1599）刊本（兩部）

　　21.5×15.4cm　10行22字　四周雙欄　花口

170　**恩縣續志** 5卷　　　　　　　　　　　　　　　634-オ-1

　　清，陳學海撰

　　雍正元年（1723）刊本

　　21.1×15.4cm　10行22字　四周雙欄　花口

171　**重修恩縣志**10卷　首 1卷　　　　　　　　　　634-オ-2

　　清，王鴻孫撰

　　宣統元年（1909）恩縣刊本

　　20×14.1cm　9行20字　四周雙欄　花口　單魚尾

172　**蒲臺縣志** 4卷　首 1卷　　　　　　　　　　　支文16-256

　　清，嚴文典等編

　　　光緒18年（1892）蒲臺縣衙刊本

　　　19.8×13.8cm　9行20字　四周雙欄　花口　單魚尾

173　**德州志**12卷　首　1卷　　　　　　　　　　　　　　　16–257

　　　清，王道亨撰

　　　清乾隆末刊本

　　　18.4×14.2cm　9行20字　左右雙欄　花口　單魚尾

174　**曲阜縣志**　100卷　　　　　　　　　　　　　　　支文16–258

　　　清，潘相敬撰　　　　　　　　　　　　　　　　　　634–キ–8

　　　乾隆39年（1774）聖化堂刊本（兩部）

　　　19.3×14.9cm　11行23字　左右雙欄　白口　單魚尾

175　**蓬萊縣志**14卷　　　　　　　　　　　　　　　　　支文16–260

　　　清，王文燾撰

　　　道光19年（1839）蓬萊縣署刊本

　　　17.9×13.1cm　9行22字　四周雙欄　花口　單魚尾

176　**登州府志**69卷　　　　　　　　　　　　　　　　　支文16–261

　　　清，周悅讓等編　　　　　　　　　　　　　　　　　634–ト–7

　　　統緒7年（1881）刊本（兩部）

　　　19.5×13.5cm　9行20字　四周雙欄　白口　單魚尾

177　**膠州志**40卷　　　　　　　　　　　　　　　　　　支文16–262

　　　清，張同聲等編

　　　道光25年（1845）膠州府衙刊本

　　　20.8×14.4cm　10行25字　左右雙欄　花口　單魚尾

178　**曹縣志**18卷　首　1卷　　　　　　　　　　　　　　16–263

　　　清，陳嗣良撰

　　　光緒10年（1884）居敬書院刊本

　　　19.6×14.5cm　10行22字　四周雙欄　花口　單魚尾

179 **高州府志**54卷　首、末各 1卷　　　　　　　　　　16–264
清，楊　霽等編
光緒16年（1890）刊本
19.2×14.8cm　12行23字　四周單欄　花口　單魚尾

180 **澄海縣志**26卷　首 1卷　　　　　　　　　　　　16–265
清，李書吉撰
嘉慶19年（1814）澄海縣衙刊本
19×14cm　10行20字　左右雙欄　花口　雙魚尾

181 **瓊州府志**44卷　首 1卷　　　　　　　　　　　　16–267
清，張岳崧撰
道光21年（1841）刊本
20.1×14.5cm　11行21字　四周雙欄　花口　單魚尾

182 **南海縣志**26卷　末 1卷　　　　　　　　　　　　16–268
清，桂　坫等編
宣統2年（1910）刊本
17.8×15cm　12行23字　左右雙欄　花口　雙魚尾

183 **三水縣志**16卷　首 1卷　　　　　　　　　　　　16–269
清，李友榕等編
嘉慶23年（1818）心簡齋刊本
18.7×14.3cm　10行21字　左右雙欄　花口　單魚尾

184 **新會縣志**14卷　　　　　　　　　　　　　　　　16–270
清，黃培芳等編
道光20年（1840）新會縣衙刊本
18.9×14.9cm　12行23字　四周單欄　花口　雙魚尾

185 **高要縣志**22卷　　　　　　　　　　　　　　　　16–271
清，夏修恕等編

　　道光6年（1826）刊本

　　20.5×14.7cm　10行21字　四周雙欄　花口　雙魚尾

186　彰德府志32卷　首　1卷　　　　　　　　　　支文16-272

　　清，畢　沅等編　　　　　　　　　　　　　　634-シ-4

　　乾隆52年（1787）刊本（兩部）

　　20.2×15.4cm　11行22字　左右雙欄　花口　單魚尾

187　鄭州志12卷　首　1卷　　　　　　　　　　支文16-273

　　清，張　鉞等編　　　　　　　　　　　　　　634-テ-3

　　乾隆13年（1748）刊本（兩部）

　　19×14.7cm　9行21字　四周雙欄　花口　單魚尾

188　開封府志40卷　　　　　　　　　　　　　　支文16-274

　　清，管竭忠撰　　　　　　　　　　　　　　　634-カ-6

　　康熙34年（1695）刊本（兩部）

　　21.6×16.3cm　10行20字　四周單欄　花口　單魚尾

189　偃師縣志30卷　首　1卷　　　　　　　　　　支文16-279

　　清，孫星衍、湯毓倬合撰

　　乾隆54年（1789）刊本

　　18.2×14cm　10行21字　左右雙欄　花口　單魚尾

190　安陽縣志28卷　首　1卷　附刊金石錄12卷　　支文16-276

　　清，貴　泰撰　　　　　　　　　　　　　　　634-ア-2

　　嘉慶14年（1809）刊本（兩部）

　　17.4×14.3cm　11行23字　左右雙欄　花口　單魚尾

191　固始縣志26卷　首　1卷　　　　　　　　　　支文16-277

　　清，謝　聘撰

　　乾隆51年（1786）刊本

　　21×13.7cm　9行23字　左右雙欄　花口　單魚尾

192 **汲縣志**14卷　首、末各 1卷　　　　　　　　　　　　　16–278
清，徐汝瓚撰
乾隆20年（1755）刊本
20.4×13.8cm　10行22字　左右雙欄　黑口　單魚尾

193 **商城縣志**14卷　首、末各 1卷　　　　　　　　　　　支文16–279
清，武開吉等編　　　　　　　　　　　　　　　　　634–シ–10
嘉慶8年（1803）刊本（兩部）
21.2×19.4cm　9行22字　左右雙欄　花口　單魚尾

194 **懷慶府志**32卷　　　　　　　　　　　　　　　　　支文16–280
清，布　顏等編
乾隆54年（1789）懷慶府衙刊本
18.1×14.7cm　11行22字　四周單欄　花口　單魚尾

195 **中牟縣志**12卷　首、末各 1卷　　　　　　　　　　支文16–281
清，吳若烺撰　　　　　　　　　　　　　　　　　634–チ–10
同治9年（1870）刊本（兩部）
19.1×13.5cm　10行25字　四周雙欄　花口　單魚尾

196 **太原縣志**18卷　　　　　　　　　　　　　　　　　支文16–282
清，員佩蘭撰
道光6年（1826）太原縣署刊本
20.5×14.5cm　10行22字　四周雙欄　花口　單魚尾

197 **續太原縣志** 2卷　　　　　　　　　　　　　　　　16–283
清，薛元釗撰
光緒8年（1882）太原縣署刊本
19.6×14.5cm　10行22字　四周雙欄　花口　單魚尾

198 **陽曲縣志**16卷　　　　　　　　　　　　　　　　　16–284
清，閻士驤等編

　　道光23年（1843）陽曲縣儒學刊本

　　18.7×12.8cm　9行23字　四周雙欄　花口　單魚尾

196 **崞縣志** 8卷　　　　　　　　　　　　　　　　　16–285

　　清，趙冠卿等編

　　光緒8年（1882）刊本

　　16.5×12.9cm　9行22字　左右雙欄　花口　單魚尾

200 **大同府志**32卷　首　1卷　　　　　　　　　　　16–286

　　清，吳輔宏撰

　　乾隆47年（1782）刊本

　　17.7×15cm　10行22字　四周雙欄　花口　單魚尾

201 **武鄉縣志** 6卷　首　1卷　　　　　　　　　　　16–287

　　清，白　鶴等編

　　乾隆55年（1790）刊本

　　18.5×13.8cm　9行22字　四周雙欄　花口　單魚尾

202 **蒲州府志**24卷　　　　　　　　　　　　　　　　16–289

　　清，喬光烈等編

　　乾隆20年（1755）蒲州府署刊本

　　19.1×15,5cm　9行20字　四周雙欄　花口　單魚尾

203 **長治縣志** 8卷　首　1卷　　　　　　　　　　　16–290

　　清，楊　篤等編

　　光緒20年（1894）刊本

　　18.8×13.6cm　10行21字　四周雙欄　花口　單魚尾

204 **曲沃縣志**32卷　　　　　　　　　　　　　　　　16–291

　　清，張鴻逵等編

　　光緒6年（1880）曲沃縣衙刊本

　　18.4×14.6cm　9行25字　四周雙欄　花口　單魚尾

　　　同治6年（1867）和州官舍刊本

　　　18.8×13.6cm　10行20字　四周雙欄　黑口　單魚尾

212　**南昌府志**72卷　首　1卷　　　　　　　　　　　　16-299

　　　清，謝啓昆等編

　　　乾隆54年（1789）南昌縣學刊本

　　　19.9×14.1cm　10行24字　左右雙欄　花口　單魚尾

213　**貴谿縣志**10卷　首　1卷　　　　　　　　　　　　16-300

　　　清，楊長杰等編

　　　同治10年（1871）刊本

　　　19.9×14.4cm　10行22字　四周雙欄　花口　單魚尾

214　**建昌縣志**12卷　首　1卷　　　　　　　　　　　　16-301

　　　清，関芳言等編

　　　同治10年（1871）刊本

　　　17.5×13cm　11行23字　左右雙欄　花口　單魚尾

215　**南安府志補正**12卷　　　　　　　　　　　　　　16-302

　　　清，楊　鐔等編

　　　光緒元年（1875）南安府署刊本

　　　18.4×12.5cm　10行22字　左右雙欄　花口　單魚尾

216　**贛州府志**78卷　首　1卷　　　　　　　　　　支文16-303

　　　清，魯琪光等編　　　　　　　　　　　　　　634-コ-21

　　　同治12年（1873）贛州府署刊本（兩部）

　　　18.9×14.8cm　10行22字　四周雙欄　花口　單魚尾

217　**鍾祥縣志**20卷　補編　2卷　　　　　　　　　　支文16-304

　　　清，許光曙等編

　　　同治6年（1867）鍾祥縣署刊本

　　　19.6×12.7cm　9行22字　四周雙欄　花口　單魚尾

218　**荆州府志**80卷　首　1卷　　　　　　　　　　　16-305

　　清，顧嘉衡等編

　　光緒6年（1880）荆州府署刊本

　　20.8×14.3cm　11行25字　四周雙欄　黑口　單魚尾

219　**袁州府志**10卷　首　1卷　　　　　　　　　　　16-306

　　清，駱敏修等編

　　同治13年（1874）袁州府學署刊本

　　19.6×14.2cm　10行22字　四周雙欄　花口　單魚尾

220　**襄陽縣志**7卷　首1卷　　　　　　　　　　　支文16-307

　　清，方大湯等編　　　　　　　　　　　　　　634-シ-12

　　同治13年（1874）刊本（兩部）

　　20×14.6cm　10行24字　四周雙欄　花口　單魚尾

221　**巴東縣志**16卷　首　1卷　　　　　　　　　　支文16-308

　　清，廖恩樹等編

　　同治5年（1866）巴東縣署刊本

　　19.8×13.9cm　9行21字　四周雙欄　花口　單魚尾

222　**荆門直隸州志**12卷　首　1卷　　　　　　　　　16-309

　　清，恩　榮等編

　　同治7年（1868）明倫堂刊本

　　17.2×12.7cm　10行20字　四周雙欄　花口　單魚尾

223　**襄陽府志**40卷　首　1卷　　　　　　　　　　　16-310

　　清，陳　鍔等編

　　乾隆25年（1760）刊本

　　18.8×12.9cm　9行22字　四周雙欄　花口　單魚尾

224　**隨州志**32卷　首　1卷　　　　　　　　　　　　16-311

　　清，文　齡等編

同治8年（1869）刊本

19.5×13.9cm　9行22字　四周雙欄　花口　單魚尾

225　**宜昌府志**16卷　首 1卷　　　　　　　　　　　　16–312

清，聶光鑾等編

同治5年（1866）刊本

19.4×14cm　10行21字　四周雙欄　花口　單魚尾

226　**德安府志**20卷　首、末各 1卷　　　　　　　　　16–313

清，賡音布等編

光緒15年（1889）刊本

19.1×14cm　10行21字　四周雙欄　花口　單魚尾

227　**桂陽直隸州志**27卷　　　　　　　　　　　　　16–314

清，不著撰人

同治7年（1868）桂陽州學刊本

21.2×14.9cm　10行21字　四周雙欄　花口　單魚尾

228　**零陵縣志**15卷　首 1卷　　　　　　　　　　　16–315

清，徐保齡等編

光緒2年（1876）刊本

19.1×14.4cm　12行22字　四周雙欄　花口　單魚尾

229　**畿輔通志**300卷　首1卷　　　　　　　　　支文16–316

清，黃彭年等編　　　　　　　　　　　　　634–キ–6

光緒10年（1884）刊本（兩部）

21.9×16.6cm　12行25字　四周雙欄　花口　單魚尾

230　**大名府志**22卷　首1卷　續志6卷　末 1卷　　支文16–317

清，毛永柏等編　　　　　　　　　　　　　634–タ–6

咸豐3年（1853）大名府刊本（兩部）

17.9×14.8cm　10行20字　四周雙欄　花口　單魚尾

231 **灤州志**8卷　首、末各1卷　　　　　　　　　　　　　　支文16-318

清，吳士鴻等編

嘉慶15年（1810）刊本

20.1×15.1cm　10行22字　四周雙欄　花口　單魚尾

232 **通州志**10卷　首、末各 1卷　　　　　　　　　　　　　　16-319

清，王維珍等編

光緒5年（1879）刊本

20.8×14.7cm　10行22字　四周雙欄　花口　單魚尾

233 **欒城縣志**16卷　首、末各 1卷　　　　　　　　　　　　支文16-320

清，張惇德等編　　　　　　　　　　　　　　　　　　　634-ラ-6

同治12年（1873）刊本（兩部）

17.5×14.2cm　10行22字　四周雙欄　花口　單魚尾

234 **長安縣志**36卷　　　　　　　　　　　　　　　　　　　支文16-321

清，張聰賢等編　　　　　　　　　　　　　　　　　　　634-チ-6

同治11年（1872）長安學署刊本（兩部）

18.2×15.6cm　11行24字　四周單欄　花口　單魚尾

235 **咸陽縣志**22卷　首 1卷　　　　　　　　　　　　　　　支文16-322

清，應　桐撰

乾隆16年（1751）刊本

21.2×14.7cm　10行22字　四周雙欄　花口　單魚尾

236 **臨潼縣志** 9卷　　　　　　　　　　　　　　　　　　　支文16-323

清，徐德諒等編　　　　　　　　　　　　　　　　　　　634-リ-5

乾隆41年（1776）刊本（兩部）

20.2×15.8cm　10行24字　四周雙欄　白口　單魚尾

237 **鄠縣新志** 6卷　　　　　　　　　　　　　　　　　　　支文16-324

清，孫景烈撰

乾隆42年（1777）刊本

16.6×13.9cm　10行22字　四周雙欄　花口　單魚尾

238 **南鄭縣志**16卷　　　　　　　　　　　　　　　16–325

清，王行儉撰

乾隆59年（1794）刊本

20.6×14.6cm　9行21字　四周雙欄　花口　單魚尾

239 **紫陽縣志** 8卷　　　　　　　　　　　　　　　16–326

清，吳　純撰

光緒8年（1882）紫陽縣署刊本

20.5×14cm　10行23字　四周單欄　花口　單魚尾

240 **韓城縣志**16卷　首 1卷　　　　　　　　　　　16–327

清，傅應奎撰

乾隆49年（1784）韓城縣衙刊本

19.9×14.9cm　12行24字　四周單欄　黑口　雙魚尾

241 **韓城縣續志** 5卷　　　　　　　　　　　　　　16–328

清，冀蘭泰撰

嘉慶23年（1818）韓城縣衙刊本

18.6×14.4cm　12行24字　四周單欄　黑口　雙魚尾

242 **潼關志** 9卷　　　　　　　　　　　　　　　　16–329

清，楊端本撰

康熙24年（1685）刊本

20×15.1cm　9行20字　四周雙欄　花口　單魚尾

243 **華陰縣志**9卷　附1卷　　　　　　　　　　　　16–330

明，王九疇撰

萬曆42年（1614）版，清康熙末補刻刷印本

20.7×14.6cm　9行20字　四周單欄　花口　單魚尾

244　**甯羌州志** 5卷　　　　　　　　　　　　　　　　16–331
　　清，馬毓華撰
　　光緒14年（1888）甯羌州衙刊本
　　20×12.8cm　9行21字　四周雙欄　花口　單魚尾

245　**渭南縣志**18卷　　　　　　　　　　　　　　　　16–332
　　清，何耿繩撰
　　道光9年（1829）刊本
　　18.5×14.8cm　10行22字　四周單欄　花口　單魚尾

246　**朝邑志**11卷　首 1卷　　　　　　　　　　　　　16–333
　　清，錢　坫等編
　　清末刊本
　　19.9×15.2cm　12行24字　四周單欄　黑口　雙魚尾

247　**廈門志**16卷　附 1卷　　　　　　　　　　　　　16–334
　　清，周　凱撰
　　道光19年（1839）刊本
　　18.7×13.4cm　10行22字　四周雙欄　花口　單魚尾

248　**漳州府志**50卷　首1卷　附1卷　　　　　　　　16–335
　　清，沈定均撰
　　光緒3年（1877）芝山書院刊本
　　20.2×14.7cm　10行22字　四周雙欄　花口　單魚尾

249　**長汀縣志**33卷　首1卷　附1卷　　　　　　　　16–336
　　清，劉國光等編
　　光緒5年（1879）刊本
　　22×14.7cm　10行20字　四周雙欄　花口　單魚尾

250　**續漢州志**24卷　首 1卷　　　　　　　　　　　　16–337
　　清，曾履中等編

同治8年（1869）刊本

19.7×13.9cm　9行21字　四周雙欄　花口　單魚尾

251 **梓潼縣志** 6卷　　　　　　　　　　　　　　　16–339

清，張香海撰

咸豐8年（1858）梓潼縣衙刊本

19.8×13.6cm　9行22字　四周雙欄　花口　單魚尾

252 **茂州志** 4卷　　　　　　　　　　　　　　　16–340

清，楊迦懌等編

道光11年（1831）茂州州衙刊本

21.3×15.2cm　10行22字　四周雙欄　花口　單魚尾

253 **貴縣志** 8卷　　　　　　　　　　　　　　　16–341

清，夏敬頤等編

光緒19年（1893）紫泉書院刊本

18×13cm　14行25字　四周單欄　花口　單魚尾

254 **瑞昌縣志** 5卷　首1卷　　　　　　　　　　　16–343

清，姚　暹撰編

同治10年（1871）刊本

19×13.8cm　11行22字　左右雙欄　花口　單魚尾

255 **贛縣志** 54卷　首 1卷　　　　　　　　　　　16–344

清，黃德溥等編

同治10年（1871）刊本

19.9×15.3cm　11行22字　左右雙欄　花口　單魚尾

256 **瑞金縣志** 8卷　首1卷　　　　　　　　　　　16–345

清，郭一豪等編

康熙48年（1709）刊本

20.2×14.7cm　12行23字　左右雙欄　花口　單魚尾

257　**武昌縣志**28卷　首 1卷　　　　　　　　　　　　16–346

　　清，鍾桐山等編

　　光緒11年（1885）刊本

　　19.4×14.5cm　12行25字　四周雙欄　黑口　單魚尾

258　**平江縣志**55卷　首、末各 1卷　　　　　　　　　16–347

　　清，李元度等編

　　同治10年（1871）刊本

　　21×15cm　10行24字　四周雙欄　花口　單魚尾

259　**青州府志**64卷　　　　　　　　　　　　　　　　16–348

　　清，李　圖等編

　　道光26年（1846）刊本

　　19.5×14cm　10行22字　四周單欄　黑口

260　**滕縣志**14卷　首 1 卷　　　　　　　　　　　　　16–349

　　清，王　政等編

　　康熙55年（1716）刊本

　　21.3×15.6cm　10行22字　四周雙欄　花口　單魚尾

261　**泰安府志**30卷　首 1 卷　　　　　　　　　　　　16–350

　　清，成　城撰

　　乾隆25年（1760）刊本

　　20.4×14.8cm　10行21字　四周單欄　花口　單魚尾

262　**沂水縣志**10卷　　　　　　　　　　　　　　支文16–351

　　清，張　變撰　　　　　　　　　　　　　　　634–キ–16

　　道光7年（1827）刊本（兩部）

　　17.6×14.7cm　10行20字　左右雙欄　花口　單魚尾

263　**孟津縣志** 4卷　　　　　　　　　　　　　　支文16–352

　　清，徐元燦撰

　　　康熙48年（1709）刊本

　　　21.6×14.1cm　9行20字　四周單欄　花口　單魚尾

264　鄢城縣志18卷　　　　　　　　　　　　　　　　　支文16-353

　　　清，傅　豫撰　　　　　　　　　　　　　　　　634-エ-1

　　　乾隆19年（1754）刊本（兩部）

　　　17.2×13.6cm　10行21字　四周單欄　花口　單魚尾

265　光山縣志32卷　首　1卷　　　　　　　　　　　　支文16-355

　　　清，楊殿梓撰

　　　乾隆51年（1786）刊本

　　　20.2×13.8cm　9行23字　左右雙欄　花口　單魚尾

266　陳州府志30卷　首　1卷　　　　　　　　　　　　16-356

　　　清，崔應階撰

　　　乾隆11年（1746）刊本

　　　19.6×14.1cm　10行22字　四周單欄　花口　單魚尾

267　祥符縣志22卷　　　　　　　　　　　　　　　　　支文16-357

　　　清，魯曾煜撰　　　　　　　　　　　　　　　　634-シ-5

　　　乾隆4年（1739）刊本（兩部）

　　　19.3×13.7cm　9行20字　四周雙欄　花口　單魚尾

268　河間府志20卷　首　1卷　　　　　　　　　　　　支文16-358

　　　清，杜　甲等編

　　　乾隆25年（1760）刊本

　　　17.8×14.5cm　10行20字　左右雙欄　花口　單魚尾

269　正定縣志46卷　首、末各　1卷　　　　　　　　　16-359

　　　清，劉秉琳等編

　　　光緒元年（1875）刊本

　　　19.5×14.6cm　10行22字　四周雙欄　花口　單魚尾

270　**永平府志**72卷　首、末各 1卷　　　　　　　　　　　　支文16-360

　　清，史夢蘭撰　　　　　　　　　　　　　　　　　　　　634-エ-5

　　光緒2年（1876）敬勝書院刊本（兩部）

　　18.8×15.1cm　10行21字　四周雙欄　花口　單魚尾

271　**邵武府志**30卷　首 1卷　　　　　　　　　　　　　　　支文16-361

　　清，王　琛等編

　　光緒23年（1897）樵川書院刊本

　　20.6×13.2cm　10行24字　四周雙欄　花口　單魚尾

272　**萬縣志**36卷　首 1卷　　　　　　　　　　　　　　　　16-362

　　清，范泰衡撰

　　同治5年（1866）刊本

　　20.7×13.5cm　9行22字　四周雙欄　花口　單魚尾

273　**三州輯略** 9卷　　　　　　　　　　　　　　　　　　　16-363

　　清，和　瑛撰

　　嘉慶10年（1805）刊本

　　19.1×14cm　8行21字　四周雙欄　花口　單魚尾

274　**宣化府志**42卷　首 1卷　　　　　　　　　　　　　　　16-366

　　清，王者輔等編

　　乾隆22年（1757）刊本

　　18.7×14.8cm　10行22字　左右雙欄　花口　單魚尾

275　**口北三廳志**16卷　首 1卷　　　　　　　　　　　　　　支文16-367

　　清，黃可潤等編　　　　　　　　　　　　　　　　　　　634-コ-3

　　乾隆23年（1758）刊本（兩部）

　　17.4×14.8cm　10行22字　左右雙欄　花口　單魚尾

276　**臨漳縣志**18卷　首 1卷　　　　　　　　　　　　　　　支文16-368

　　清，周秉彝等編

光緒31年（1905）刊本

19.7×13.5cm　9行21字　四周雙欄　花口　單魚尾

277　**茂名縣志** 8卷　首 1卷　　　　　　　　　　　　16–369

清，鄭業崇等編

光緒14年（1888）富文樓刊本

18.9×15cm　12行22字　四周單欄　花口　單魚尾

278　**昆明縣志**10卷　　　　　　　　　　　　　　　16–373

清，戴絅孫撰

光緒27年（1901）刊本

18.1×13cm　10行21字　四周雙欄　花口　單魚尾

279　**解州城縣志**16卷　首 1卷　　　　　　　　　　16–374

清，言如泗撰

乾隆29年（1764）芮城官衙刊本

18.6×15.8cm　10行21字　左右雙欄　花口　單魚尾

280　**介休縣志**14卷　首 1卷　　　　　　　　　東史16–375

清，陸元鏸等編　　　　　　　　　　　　　　634–カ–15

嘉慶24年（1819）刊本（兩部）

19.2×14cm　10行21字　四周雙欄　花口　單魚尾

281　**保定府志**80卷　　　　　　　　　　　　　東史16–377

清，張豫塏撰　　　　　　　　　　　　　　　634–ホ–6

光緒12年（1886）保定府署刊本（兩部）

21.4×16.5cm　12行24字　四周雙欄　花口　單魚尾

282　**咸寧縣志**26卷　首 1卷　　　　　　　　　東史16–379

清，高廷法等編

嘉慶24年（1819）刊本

19.4×15cm　12行25字　四周雙欄　花口　單魚尾

283　**廣西通志**279卷　首1卷　　　　　　　　　　　　16-415

　　清，吉　慶等編

　　嘉慶6年（1801）刊本

　　21.3×14.8cm　11行21字　四周雙欄　黑口　雙魚尾

284　**日下舊聞**殘本　存卷20-42　　　　　　　　　16-416

　　清，朱彝尊撰

　　清，康熙，雍正間刊本

　　18.8×13.6cm　12行21字　四周單欄　花口　單魚尾

285　**（欽定）日下舊聞考**　160卷　　　　　　　　16-416

　　清，于敏中等奉敕撰　　　　　　　　　　　　　16-33

　　清，乾隆年間刊本（兩部）

　　18.7×14.5cm　9行21字　四周雙欄　花口　單魚尾

286　**安徽通志**　350卷　補遺10卷　　　　　　　　634-ア-1

　　清，何紹基等編

　　光緒4年（1878）刊本

　　21.6×14.8cm　12行26字　四周雙欄　花口　單魚尾

287　**尉氏縣志**20卷　首　1卷　　　　　　　　　　634-イ-1

　　清，劉厚滋等編

　　道光11年（1831）刊本

　　18.8×14cm　11行24字　左右雙欄　花口　單魚尾

288　**伊陽縣志**6卷　首、末各1卷　　　　　　　　　イ-2

　　清，張道超撰

　　道光18年（1838）刊本

　　18.1×12.9cm　9行25字　四周單欄　花口　單魚尾

289　**雲南通志**30卷　首　1卷　　　　　　　　　　ウ-1

　　清，丁　煒等編

康熙30年（1691）刊本

20×15cm　9行19字　四周雙欄　花口　單魚尾

290 **續雲南通志稿** 194卷　　　　　　　　　　　　　　東史16-49

清，光緒間官修

光緒24年（1898）刊本

21.6×15.2cm　13行25字　四周單欄　黑口　單魚尾

291 **郿縣志**10卷　首 1卷　　　　　　　　　　　　　634-ウ-2

清，定　熙等編

同治5年（1866）刊本

20.5×14cm　9行21字　四周雙欄　花口　單魚尾

292 **掖縣志**8卷　首1卷　　　　　　　　　　　　　　エ-2

清，張思勉撰

乾隆23年（1758）刊本

18.5×13.9cm　9行21字　左右雙欄　花口　單魚尾

293 **嶧縣志**25卷　首 1卷　　　　　　　　　　　　　エ-6

清，王寶田等編

光緒30年（1904）嶧縣義塾刊本

18×13.8cm　10行20字　四周雙欄　花口　單魚尾

294 **甘肅通志**50卷　首 1卷　　　　　　　　　　　　カ-2

清，查郎阿等編

乾隆元年（1736）刊本

21.9×17.2cm　9行21字　四周雙欄　花口　單魚尾

295 **河南府志**116卷　首1卷　　　　　　　　　　　　カ-3

清，陳肇鏞撰

同治6年（1867）刊本

19.4×14.3cm　10行23字　四周雙欄　花口　單魚尾

296　**河南通志**80卷　　　　　　　　　　　　カ−4

清，孫灝等編

同治8年（1869）刊本

20.9×16cm　11行22字　四周雙欄　花口　單魚尾

297　**廣東通志** 334卷　首 1卷　　　　　　　カ−5

清，阮　元等編

同治3年（1864）刊本

20×14.8cm　11行21字　四周雙欄　黑口　雙魚尾

298　**河內縣志**36卷　　　　　　　　　　　　カ−7

清，袁　通撰

道光5年（1825）刊本

17.2×14.3cm　11行23字　左右雙欄　花口　單魚尾

299　**獲嘉縣志**16卷　首 1卷　　　　　　　　カ−8

清，吳喬齡撰

乾隆21年（1756）刊本

19.4×14cm　10行22字　左右雙欄　黑口　單魚尾

300　**嘉興府志**80卷　首 3卷　　　　　　　　カ−9

清，馮應榴等編

嘉慶6年（1801）刊本

19.3×13.8cm　10行23字　左右雙欄　花口　單魚尾

301　**甘棠小志**4卷　首、末各1卷　　　　　　カ−10

清，董醇醞等編

咸豐5年（1855）刊本

19×14.6cm　9行25字　四周雙欄　花口　單魚尾

302　**開州志**8卷　首1卷　　　　　　　　　　カ−13

清，陳兆麟撰

光緒7年（1881）刊本

17.9×14.5cm　10行25字　四周雙欄　花口　單魚尾

303 **夏津縣志**10卷　首 1卷　　　　　　　　　　　　　カ-16

清，梁大鯤等編

乾隆6年（1741）刊本

19.3×14.5cm　10行22字　左右雙欄　花口　單魚尾

304 **吉林通志** 122卷　　　　　　　　　　　　　　　キ-2

清，長　順等編

光緒17年（1891）刊本

19×15.5cm　10行22字　四周單欄　黑口　雙魚尾

305 **貴州通志**46卷　首 1卷　　　　　　　　　　　　キ-3

清，靖道謨等編

乾隆6年（1741）刊本

20.2×14.7cm　11行21字　四周單欄　花口　單魚尾

306 **許州志**16卷　首 1卷　　　　　　　　　　　　　キ-5

清，蕭元吉撰

道光18年（1838）刊本

18.8×13.7cm　9行20字　四周雙欄　花口　單魚尾

307 **輝縣志**20卷　首、末各 1卷　　　　　　　　　　キ-6

清，周際華撰

光緒21年（1895）刊本

16.3×14cm　11行23字　左右雙欄　花口　單魚尾

308 **淇縣志**10卷　　　　　　　　　　　　　　　　キ-10

清，白龍曜等編

順治17年（1660）刊本

22.1×14.8cm　8行20字　四周單欄　花口　單魚尾

309　**沂州志**　8卷

キ-11

　　清，邵　士等編

　　康熙13年（1674）刊本

　　18.6×13.9cm　10行20字　四周雙欄　花口　單魚尾

310　**沂州府志**35卷　首　1卷

キ-14

　　清，潘遇莘等編

　　乾隆25年（1760）刊本

　　20.5×16.1cm　10行24字　左右雙欄　花口　單魚尾

311　**魚臺縣志**4卷　首1卷

キ-15

　　清，趙英祚撰

　　光緒15年（1889）魚臺縣衙刊本

　　17.9×14.2cm　10行21字　四周雙欄　花口　單魚尾

312　**江南通志**200卷　首1卷

コ-2

　　清，尹繼善等編

　　乾隆2年（1737）刊本

　　20.6×14.8cm　11行23字　左右雙欄　花口　單魚尾

313　**補正惠民縣志**30卷　首、末各　1卷　附惠民縣志補

ケ-2

　　遺　1卷

　　清，李　勗撰　補遺清，柳　堂撰

　　光緒25年（1899）刊本　補遺光緒27年（1901）刊本

　　18.3×15cm　10行21字　四周雙欄　花口　單魚尾

314　**湖南通志**288卷　首8卷　末19卷

コ-5

　　清，曾國荃等編

　　光緒11年（1885）湖南府學刊本

　　21.4×14.2cm　10行24字　左右雙欄　花口　單魚尾

315　**江西通志**180卷　首5卷

コ-6

清，劉　繹等編

光緒7年（1881）刊本

20.4×14.7㎝　12行23字　四周雙欄　黑口　雙魚尾

316 **光緒順天府志**130卷　附錄1卷　　　　　　　　　　　　　コ-7

清，張之洞等編

　コ-7B

光緒12年（1886）刊本（兩部）

20.2×15.4㎝　12行25字　四周單欄　黑口　雙魚尾

317 **光州志**12卷　首 1卷　　　　　　　　　　　　　　　　コ-8

清，楊修田撰

光緒13年（1887）光州官署刊本

22.5×15.2㎝　10行22字　左右雙欄　花口　單魚尾

318 **光緒鹿邑縣志**16卷　首 1卷　　　　　　　　　　　　　コ-9

清，于滄瀾等編

光緒22年（1896）刊本

19.8×14.1㎝　11行22字　左右雙欄　花口　單魚尾

319 **黃縣志**14卷　首 1卷　　　　　　　　　　　　　　　　コ-11

清，尹繼美等編

同治10年（1871）黃縣縣學刊本

18.4×13.1㎝　10行24字　四周雙欄　花口　單魚尾

320 **高苑縣志**10卷　　　　　　　　　　　　　　　　　　　コ-12

清，張耀璧撰

乾隆23年（1758）刊本

22×14.9㎝　9行21字　左右雙欄　花口　單魚尾

321 **高郵州志**12卷　首 1卷　　　　　　　　　　　　　　　コ-13

清，夏之蓉撰

乾隆48年（1783）刊本

21.1×16.5cm　10行20字　左右雙欄　花口　單魚尾

322　**黃巖縣志**40卷　附黃巖集32卷　　　　　　　　　　コ-14

清，王詠霓等編

光緒3年（1877）刊本

18.7×14.1cm　11行22字　左右雙欄　花口　單魚尾

323　**高淳縣志**28卷　首 1卷　　　　　　　　　　　　コ-16

清，張裕釗等編

光緒7年（1881）學山書院刊本

20.3×14.3cm　12行25字　左右雙欄　花口　單魚尾

324　**黃岡縣志**24卷　首 1卷　　　　　　　　　　　　コ-19

清，戴昌言

光緒8年（1882）黃岡縣署刊本

19.6×14.6cm　12行25字　四周雙欄　花口　單魚尾

325　**邢臺縣志**8卷　首1卷　　　　　　　　　　　　　コ-23

清，周　祐撰

光緒31年（1905）刊本

21.3×16.2cm　12行26字　四周雙欄　花口　單魚尾

326　**光緒昌平州志**18卷　　　　　　　　　　　　　　コ-24

清，陳鏡清等編

光緒12年（1886）刊本

18×12.9cm　9行21字　左右雙欄　花口　單魚尾

327　**光緒丙子清河縣志**26卷　　　　　　　　　　　　コ-25

清，吳昆田等編

光緒2年（1876）刊本

17.9×14.2cm　10行21字　四周雙欄　花口　單魚尾

328 **山西通志** 184卷　　　　　　　　　　　　　　　サ-2
　　清，張　煦等編
　　光緒18年（1892）刊本
　　19.6×14.9cm　12行23字　左右雙欄　黑口　雙魚尾

329 **濟源縣志**16卷　首、末各 1卷　　　　　　　　　　サ-3
　　清，蕭應植撰
　　乾隆26年（1761）刊本
　　19.7×13.5cm　10行22字　左右雙欄　花口　單魚尾

330 **四川通志** 204卷　首22卷　　　　　　　　　　　　シ-1
　　清，常　明等編
　　嘉慶20年（1815）刊本
　　21.9×15.5cm　9行21字　四周雙欄　花口　單魚尾

331 **昌邑縣志** 8卷　　　　　　　　　　　　　　　　シ-6
　　清，周來邰撰
　　乾隆7年（1724）刊本
　　18.3×14.6cm　9行20字　四周雙欄　花口　單魚尾

332 **信陽州志**12卷　首 1卷　　　　　　　　　　　　シ-8
　　清，張　鉞撰
　　乾隆14年（1749）刊本
　　18.7×14.8cm　9行21字　四周雙欄　花口　單魚尾

333 **修武縣志**10卷　首 1卷　　　　　　　　　　　　シ-9
　　清，馮繼照撰
　　道光19年（1839）修武縣衙刊本
　　16.1×13.2cm　11行21字　左右雙欄　花口　單魚尾

334 **嵩縣志**30卷　首 1卷　　　　　　　　　　　　　ス-1
　　清，康基淵撰

乾隆32年（1767）刊本

18.3×14.2cm　9行22字　左右雙欄　花口　單魚尾

335　**睢州志**12卷　　　　　　　　　　　　　　　　ス－2

清，王　枚撰

光緒18年（1892）刊本

19.3×14.2cm　9行20字　四周單欄　花口　單魚尾

336　**綏遠志**10卷　首　1卷　　　　　　　　　　　634－ス－1

清，高賡恩撰　　　　　　　　　　　　　　　　東史16－60

光緒34年（1908）刊本（兩部）

18.1×13.7cm　10行22字　四周雙欄　花口　單魚尾

337　**盛京通志**48卷　　　　　　　　　　　　　　　634－セ－2

清，呂耀曾等編

咸豐2年（1852）刊本

19.4×14.1cm　10行21字　四周雙欄　花口　單魚尾

338　**東三省沿革表**　6卷　　　　　　　　　　　　東史16－56

清，吳廷燮撰

宣統元年（1909）刊本

19.3×14cm　左右雙欄　黑口

339　**齊河縣志**10卷　首　1卷　　　　　　　　　　634－セ－3

清，上官有儀撰

乾隆2年（1737）刊，同治間補刻本

19.3×14.3cm　9行20字　四周雙欄　花口　單魚尾

340　**陝西通志**　100卷　首　1卷　　　　　　　　　セ－5

清，劉於義等編

雍正13年（1735）刊，乾隆間印本

22×16.5cm　12行26字　四周雙欄　花口　單魚尾

341 **遷安縣志**18卷 セ-7

清，韓耀光等編

光緒11年（1885）刊本

18.3×14.3cm　10行21字　四周雙欄　花口　單魚尾

342 **息縣志** 8卷 ソ-2

清，劉光輝撰

嘉慶4年（1799）刊本

21.4×15.8cm　11行23字　四周雙欄　黑口　單魚尾

343 **丹徒縣志**60卷　首 4卷 タ-2

清，呂耀斗撰

光緒5年（1879）刊本

20.2×13.7cm　11行21字　左右雙欄　花口　單魚尾

344 **長山縣志**16卷　首 1卷 チ-2

清，倪企望撰

嘉慶6年（1801）長山縣衙刊本

18.6×14.4cm　10行22字　左右雙欄　花口　單魚尾

345 **趙城縣志**37卷　首 1卷 チ-6

清，楊延亮撰

道光7年（1821）刊本

19.7×13.9cm　9行22字　四周雙欄　花口　單魚尾

346 **長清縣志**16卷　首、末各 1卷 チ-7

清，舒化民等編

道光15年（1835）

18.4×13.9cm　10行23字　左右雙欄　花口　單魚尾

347 **直隸定州志**22卷　首 1卷 チ-8

清，寶　琳等編

　　　道光29年（1849）刊本

　　　18.2×14.7cm　10行21字　四周雙欄　花口　單魚尾

348　**通許縣志**10卷　　　　　　　　　　　　　　　　　　　　ツ-1

　　　清，阮龍光撰

　　　乾隆35年（1770）刊本

　　　19.7×14.1cm　10行22字　四周雙欄　花口　單魚尾

349　**趙州志**16卷　首、末各 1卷　　　　　　　　　　　　　テ-9

　　　清，孫傅栻撰

　　　光緒23年（1897）趙州州署刊本

　　　18.2×13.1cm　10行22字　四周雙欄　花口　單魚尾

350　**定海廳志**30卷　首 1卷　　　　　　　　　　　　　　テ-1

　　　清，陳重威等編

　　　光緒28年（1902）刊本

　　　17.2×14.2cm　11行22字　左右雙欄　花口　單魚尾

351　**定遠廳志**26卷　首 1卷　　　　　　　　　　　　　　テ-2

　　　清，余修鳳撰

　　　光緒5年（1879）刊本

　　　20.2×15cm　10行24字　四周雙欄　花口　單魚尾

352　**湯陰縣志**10卷　　　　　　　　　　　　　　　　　　　　ト-1

　　　清，楊世達撰

　　　乾隆3年（1738）刊本

　　　19.8×14.3cm　8行19字　左右雙欄　花口　單魚尾

353　**登封縣志**28卷　　　　　　　　　　　　　　　　　　　　ト-2

　　　清，洪亮吉、陸繼萼合撰

　　　乾隆52年（1787）登封縣衙刊本

　　　17.1×14.5cm　11行21字　左右雙欄　黑口　雙魚尾

354 **銅山縣志**24卷　首　1卷　　　　　　　　　　　　　　　ト－4
　　清，崔志元撰
　　道光10年（1830）刊本
　　20×13.4cm　10行21字　四周雙欄　花口　單魚尾

355 **鄧州志**24卷　首　1卷　　　　　　　　　　　　　　　　ト－5
　　清，蔣光祖撰
　　乾隆20年（1755）刊本
　　19.9×14.3cm　10行22字　四周雙欄　花口　單魚尾

356 **日照縣志**12卷　首　1卷　　　　　　　　　　　　　　　ニ－1
　　清，陳　懋等編
　　光緒12年（1886）刊本
　　18.5×12.9cm　10行25字　四周雙欄　花口　單魚尾

357 **寧陵縣志**12卷　首、末各　1卷　　　　　　　　　　　　ネ－1
　　清，呂敬直等編
　　宣統3年（1911）刊本
　　19×13.4cm　9行22字　四周單欄　花口　單魚尾

358 **寧津縣志**12卷　　　　　　　　　　　　　　　　　　　ネ－4
　　清，吳濤源撰
　　光緒26年（1900）刊本
　　18.7×14cm　10行22字　四周雙欄　花口　單魚尾

359 **博興縣志**13卷　　　　　　　　　　　　　　　　　　　ハ－1
　　清，周壬福撰
　　道光20年（1840）刊本
　　19.1×14cm　10行25字　四周雙欄　花口　單魚尾

360 **福建通志** 268卷　首1卷　附1卷　　　　　　　　　　　フ－1
　　清，吳　棠等編

　　同治7年（1868）正誼書院刊本

　　23.1×16cm　11行25字　四周雙欄　花口　單魚尾

361　**闡鄉縣志**12卷　首、末各 1卷　　　　　　　　　　　　フ－3

　　清，劉思恕等編

　　光緒20年（1894）刊本

　　18.4×13.5cm　9行22字　四周雙欄　花口　單魚尾

362　**武陟縣志**36卷　　　　　　　　　　　　　　　　　フ－2

　　清，王榮陛撰

　　道光9年（1829）刊本

　　17.3×13.3cm　10行22字　四周雙欄　花口　單魚尾

363　**文登縣志**10卷　　　　　　　　　　　　　　　　　フ－6

　　清，歐　文等編

　　道光19年（1839）刊，清末補刊本

　　18.7×14.5cm　13行25字　左右雙欄　花口　單魚尾

364　**平原縣志**10卷　首 1卷　　　　　　　　　　　　　ヘ－1

　　清，黃懷祖撰

　　乾隆50年（1785）刊本

　　19.4×14.7cm　10行24字　四周雙欄　花口　單魚尾

365　**蒲城縣志**15卷　　　　　　　　　　　　　　　　　ホ－2

　　清，張心鏡撰

　　乾隆47年（1782）刊本

　　18×14.3cm　10行22字　左右雙欄　黑口　單魚尾

366　**陽武縣志**12卷　　　　　　　　　　　　　　　　　ヨ－3

　　清，談諟曾撰

　　乾隆9年（1744）陽武縣署刊本

　　19.8×14.9cm　9行21字　四周雙欄　花口　單魚尾

367　**耀州志**11卷　　　　　　　　　　　　　　　　　ヨ–5

　　明，喬世寧撰

　　乾隆27年（1762）刊本

　　20.1×14.4cm　10行20字　四周雙欄　花口　單魚尾

368　**容城縣志**　8卷　　　　　　　　　　　　　　　　ヨ–7

　　清，兪廷獻等編

　　光緒22年（1896）刊本

　　17×14cm　10行20字　左右雙欄　花口　單魚尾

369　**陽信縣志**8卷　首1卷　　　　　　　　　　　　　ヨ–8

　　清，王允深撰

　　乾隆24年（1759）刊本

　　18.4×14.2cm　10行20字　左右雙欄　花口　單魚尾

370　**樂陵縣志**8卷　首1卷　　　　　　　　　　　　　ラ–1

　　清，王謙益撰

　　乾隆27年（1762）刊本

　　17.7×14.1cm　9行19字　左右雙欄　花口　單魚尾

371　**淶水縣志**8卷　首、末各1卷　　　　　　　　　　ラ–3

　　清，陳　杰撰

　　光緒21年（1895）敬業堂刊本

　　19.1×13.9cm　10行22字　四周雙欄　花口　單魚尾

372　**林縣志**10卷　首、末各 1卷　　　　　　　　　　リ–3

　　清，楊潮觀撰

　　乾隆17年（1752）黃華書院刊本

　　18.3×13.6cm　9行22字　左右雙欄　花口　單魚尾

373　**臨清直隸州志**11卷　首 1卷　　　　　　　　　　ラ–4

　　清，張　度等編

　　　　乾隆50年（1785）刊本

　　　　18.7×14.2cm　9行21字　四周雙欄　花口　單魚尾

374　陵縣志22卷　首　1卷　　　　　　　　　　　　　　　　リ－7

　　　　清，沈　淮撰

　　　　光緒元年（1875）陵縣縣署刊本

　　　　16.6×13.6cm　9行21字　四周雙欄　花口　單魚尾

375　靈寶縣志　8卷　　　　　　　　　　　　　　　　　　　レ－1

　　　　清，周　淦等編

　　　　光緒2年（1876）刊本

　　　　19×13.2cm　9行22字　四周雙欄　花口　單魚尾

376　歷城縣志50卷　　　　　　　　　　　　　　　　　　　レ－2

　　　　清，李師白撰

　　　　康熙61年（1722）刊本

　　　　18.6×14.3cm　10行21字　左右雙欄　花口　單魚尾

377　棲霞縣志10卷　　　　　　　　　　　　　　　支文16－259

　　　　清，衛　葨撰

　　　　光緒5年（1879）刊本

　　　　21×14.3cm　9行24字　左右雙欄　花口　單魚尾

378　松江府續志40卷　首　1卷　　　　　　　　　　　　16－65

　　　　清，博　潤等編

　　　　光緒10年（1884）刊本

　　　　18.8×13.8cm　10行22字　左右雙欄　花口　單魚尾

379　歷代宅京記20卷　　　　　　　　　　　　　　東史16－57

　　　　清，顧炎武撰

　　　　嘉慶13年（1808）來賢堂刊本

　　　　18.5×13.4cm　10行22字　左右雙欄　黑口　單魚尾

380 **天下郡國利病書** 120卷 　　　　　　　　　　　　　16-1

　　清，顧炎武撰

　　道光3年（1823）敷文閣聚珍本

　　18×12.7cm　10行21字　左右雙欄　白口　單魚尾

381 **李氏五種合刊：歷代地理韻編**20卷　**皇朝輿地韻**　　東史16-5

　　編2卷　**歷代地理沿革圖**1卷　**皇朝一統輿圖** 1卷　　16-41

　　歷代紀元編3卷

　　清，李兆洛輯

　　光緒18年（1892）金陵書局刊本（兩部）

　　18.5×12.6cm　8行22字　左右雙欄　花口　單魚尾

382 **小方壺齋輿地叢鈔**1200種 　　　　　　　　　　　16-53

　　清，王錫祺編

　　光緒3年（1877）南清河王氏小方壺齋排印本

　　15.1×10.6cm　18行40字　四周雙欄　花口　單魚尾

383 **水經注**40卷 　　　　　　　　　　　　　　　　　16-32

　　後魏，酈道元撰

　　清，乾隆間刊本

　　18.8×14.2cm　10行21字　左右雙欄　花口

384 **水經注釋地**40卷 　　　　　　　　　　　　　　　16-24

　　清，張匡學撰

　　嘉慶2年（1797）上池書屋刊本

　　18×13.6cm　11行21字　四周單欄　白口　單魚尾

385 **水經注圖**40卷　補 1卷 　　　　　　　　　　　　16-47

　　清，楊守敬撰

　　光緒31年（1905）觀海堂刊本

　　23.1×17.8cm　四周雙欄　花口

　　清，徐　松撰

　　道光3年（1823）刊本

　　21.5×15.1cm　11行28字　左右雙欄　黑口　單魚尾

　　清，洪頤煊撰

　　嘉慶9年（1804）心矩齋刊本

　　16.2×11.7cm　11行21字　左右雙欄　白口　雙魚尾

　　清，齊召南撰

　　光緒4年（1878）霞城精舍刊本

　　18.8×13.6cm　9行22字　左右雙欄　花口

　　清，傅澤洪撰

　　雍正3年（1725）淮揚官舍刊本

　　17.9×13.2cm　11行21字　左右雙欄　白口

　　清，黎世序撰

　　道光12年（1832）河庫道署刊本

　　17.8×13.2cm　11行21字　左右雙欄　黑口　單魚尾

　　清，何秋濤撰

　　同治4年（1865）京都龍威閣刊本

　　13.2×9.2cm　9行21字　四周雙欄　花口　單魚尾

清，嚴如熤撰

道光2年（1822）刊本

23.8×14.5cm　10行24字　四周雙欄　花口　單魚尾

393 **朔方備乘**80卷　　　　　　　　　　　　　　16–55

清，何秋濤撰

光緒7年（1881）刊本

20.1×14.8cm　9行21字　四周雙欄　花口　單魚尾

394 **清涼山志輯要** 2卷　　　　　　　　　　　　16–227

清，汪本直撰

清末刊本

13×9.2cm　9行20字　四周雙欄　花口　單魚尾

395 **南海普陀山志**20卷　首 1卷　　　　　　　　16–230

清，王鼎勳、秦耀曾合撰

道光末年刊本

20.6×14cm　10行21字　四周雙欄　花口　單魚尾

396 **西湖遊覽志**24卷　志餘26卷　　　　　　支文16–385

明，田汝成撰

光緒22年（1896）錢塘丁氏嘉惠堂重刊本

17.3×11.7cm　10行20字　四周雙欄　白口　單魚尾

397 **元秘史山川地名考**12卷　　　　　　　　　東史16–413

清，施世杰撰

光緒23年（1897）鄮鄭學廬刊本

15.7×11.5cm　10行21字　四周雙欄　黑口　單魚尾

398 **泰山志**20卷　　　　　　　　　　　　　634–タ–4

清，金　棨撰

光緒24年（1898）刊本

　　　18.3×14.4cm　11行22字　左右雙欄　黑口　單魚尾

399　**洛陽伽藍記**5卷　集證1卷　　　　　　　　　　　　　東史16-10
　　　魏，楊衒之撰
　　　光緒29年（1903）說劍齋刊本
　　　15.7×11.3cm　12行23字　左右雙欄　白口　單魚尾

400　**平津讀碑記**8卷　續記1卷　　　　　　　　　　　　　16-416
　　　清，洪頤煊撰
　　　光緒12年（1886）吳縣朱氏家塾刊槐廬叢書本
　　　16.9×12.5cm　11行21字　左右雙欄　黑口　雙魚尾

401　**白鹿書院志**19卷　　　　　　　　　　　　　　　　　支哲51-127
　　　清，毛德琦編
　　　康熙59年（1720）刊本
　　　20.1×13.6cm　9行21字　左右雙欄　花口　單魚尾

402　**東林書院志**22卷　　　　　　　　　　　　　　　　　座春風37
　　　清，張師載等編
　　　光緒7年（1881）刊本
　　　21.1×13.2cm　12行25字　左右雙欄　花口　單魚尾

403　**新疆識略**12卷　首　1卷　　　　　　　　　　　　　東史16-39
　　　清，松　筠奉敕撰　　　　　　　　　　　　　　　　　支文16-34
　　　道光元年（1821）武英殿刊本（兩部）
　　　17.8×12.6cm　10行21字　四周雙欄　花口　單魚尾

404　**武林掌故叢編**26集　　　　　　　　　　　　　　　東史16-40
　　　清，丁　丙編
　　　光緒9年（1883）丁氏嘉惠堂刊本
　　　17.1×11.6cm　11行20字　四周雙欄　白口　單魚尾

405　**春明夢餘錄**70卷　　　　　　　　　　　　　　　　東史16-416

清，孫承澤撰

清，古香齋刊袖珍本（兩部）

10.4×8.1cm　9行22字　四周雙欄　花口　單魚尾

406 **宸垣識略**16卷

清，吳長元撰

乾隆53年（1788）池北草堂刊本

12.9×9.9cm　9行21字　左右雙欄　花口　單魚尾

407 **京師地名對** 2卷

清，巴里克杏芬撰

光緒27年（1901）刊本

17.1×12.4cm　11行30字　四周雙欄　花口　單魚尾

408 **天咫偶聞**10卷

清，震　鈞撰

光緒33年（1907）甘棠轉舍刊本

12.8×9.2cm　9行21字　左右雙欄　黑口　雙魚尾

409 **帝京景物略** 5卷

明，劉　侗、于奕正合撰

崇禎8年（1635）刊本

19.3×14.1cm　8行19字　四周單欄　白口

410 **庚子北京事變紀略**不分卷

清，鹿完天

光緒27年（1901）刊本

17.7×12.2cm　9行25字　四周雙欄　白口　單魚尾

411 **大唐西域記**12卷

唐，釋辯機撰　玄奘譯

宣統元年（1909）常州天甯寺刊本

　　17.2×13cm　10行20字　左右雙欄　花口

412　**安南志略**19卷　首 1卷　　　　　　　　　　　　16-6

　　元，黎　崱撰

　　光緒10年（1884）上海樂善堂排印本

　　17.5×12.2cm　10行24字　四周雙欄　花口　單魚尾

413　**瀛環志略**10卷　　　　　　　　　　　　　　　16-23

　　清，徐繼畬撰

　　道光30年（1850）刊本

　　25.1×18.2cm　10行25字　左右雙欄　花口　單魚尾

414　**海道圖說**15卷　附 1卷　　　　　　　　　　　　16-30

　　英人，金約翰輯

　　清末刊本

　　18.3×13.5cm　10行22字　左右雙欄　黑口　雙魚尾

415　**海國圖志** 100卷　　　　　　　　　　　　　　　16-25

　　清，魏　源撰

　　光緒2年（1876）擁遺經閣重刊本

　　16.6×12.2cm　9行21字　四周雙欄　花口　單魚尾

416　**琉球國志略**16卷　首 1卷　　　　　　　　　　　16-27

　　清，周　煌撰

　　清刊本

　　18.7×12.7cm　9行21字　四周雙欄　花口　單魚尾

417　**漢西域圖考** 7卷　　　　　　　　　　　　　　　16-36

　　清，李光廷撰

　　同治9年（1870）刊本

　　17×13.6cm　9行21字　四周雙欄　花口　單魚尾

職　官

001 **南宋館閣錄**10卷　**續錄**10卷　　　　　　　　　　　　　東史16-8

　　宋，陳　騤撰

　　乾隆42年（1777）盧文弨鐘山講舍刊本

　　16.9×11.5cm　10行20字　四周雙欄　白口　單魚尾

002 **歷代職官表**72卷　　　　　　　　　　　　　　　　　　17-5

　　清，永　瑢等奉敕撰　　　　　　　　　　　　　　　　　17-52

　　光緒22年（1896）廣雅書局刊本（兩部）

　　20.9×15.3cm　11行24字　四周單欄　黑口　單魚尾

003 **唐六典**30卷　　　　　　　　　　　　　　　　　　　　17-9

　　唐玄宗撰

　　光緒21年（1895）廣雅書局刊本

　　21×15.2cm　11行24字　四周單欄　黑口　單魚尾

政書類

001 **九通**　　　　　　　　　　　　　　　　　　　　　　東史17-1

　　唐，杜　佑等撰

　　光緒27年（1894）上海圖書集成局據武英殿版排印本

　　16.8×11.9cm　16行43字　四周單欄　花口　雙魚尾

002 **通志略**20篇　　　　　　　　　　　　　　　　　　　17-20

　　宋，鄭　樵撰

　　嘉慶11年（1806）長洲彭氏刊本

　　18.9×13.7cm　10行20字　四周單欄　花口

003 **五種會要** 5種　　　　　　　　　　　　　　　　　　17-18

宋，徐天麟等撰

清乾隆間英武殿聚珍版

17.4×12.6cm　9行21字　四周雙欄　花口　單魚尾

004　**大元聖政國朝典章**60卷　附新集不分卷　　　　　　　17-7

元代官修

光緒34年（1908）修訂法律館據杭州丁氏本重刊

18.9×14.1cm　13行23字　左右雙欄　白口　單魚尾

005　**大明會典**殘卷　存卷118〜卷158　　　　　　　　支哲17-30

明代官修

明，萬曆間司禮監刊本

25.3×17.4cm　10行20字　四周雙欄　黑口　雙魚尾

006　（欽定）**大清會典事例**1220卷　　　　　　　　　　東史17-2

清，崑　岡等編

宣統元年（1909）商務印書館石印本

16.8×11.5cm　20行20字　四周雙欄　花口　單魚尾

007　**續文獻通考鈔**30卷　　　　　　　　　　　　　　　17-45

清，史以甲編

康熙2年（1663）刊本

20.9×14cm　12行27字　左右雙欄　花口　單魚尾

008　**二十四史九通政典類要合編**　320卷　　　　　　　　14-104

清，黃書霖編

光緒28年（1902）約雅堂鉛印本

16.3×11.3cm　15行38字　四周雙欄　花口　單魚尾

009　**大清通禮**54卷　　　　　　　　　　　　　　　　　17-11

清，穆克登額等編

道光4年（1824）刊本

18.5×13.5cm　9行20字　四周雙欄　花口　單魚尾

010 **皇朝諡法考**5卷　續1卷　續補 1卷　　　　　　　　　　15–11

清，鮑　康撰

同治3年（1864）刊本

17.1×12.9cm　10行24字　左右雙欄　花口　單魚尾

011 **文廟通考**6卷　首1卷　　　　　　　　　　　　　　支哲21–14

清，牛樹梅撰

同治11年（1872）浙江書局刊本

18×13.4cm　10行21字　左右雙欄　花口　單魚尾

012 **呂公實政錄** 7卷　　　　　　　　　　　　　　　座春風140

明，呂　坤撰

喜慶2年（1797）呂氏重刊明萬曆本

19.8×14.1cm　9行18字　四周雙欄　花口　單魚尾

013 **通商約章成案彙編**30卷　　　　　　　　　　　　東史14–75

清，李瀚章編

光緒10年（1884）鐵城廣百宋齋鉛印本

15.4×10.2cm　14行40字

014 **皇朝經世文編** 120卷　　　　　　　　　　　　　17–26

清，賀長齡編

光緒8年（1882）許灣翠筠山房刊袖珍本

13.8×10.6cm　11行24字　四周單欄　花口　單魚尾

015 **江蘇海運全案**12卷　　　　　　　　　　　　　　17–33

清，琦　善等編

道光6年（1826）刊本

21.4×14.8cm　10行22字　左右雙欄　花口　單魚尾

016 **唐律疏義**30卷　　　　　　　　　　　　　　　　17–12

　　　唐，長孫無忌等撰

　　　道光16年（1890）刊本

　　　18.2×13cm　10行21字　四周雙欄　黑口　雙魚尾

017 **明律集解附例**30卷　　　　　　　　　　　　　　　　　17-6

　　　清，高　舉等撰

　　　光緒34年（1908）修訂法律館刊本

　　　17.8×13.3cm　9行20字　四周雙欄　花口　單魚尾

018 **大清律例增修統纂集成**40卷　附 2卷　　　　　　　　17-16

　　　清，陶　駿、陶念霖合編

　　　光緒22年（1896）刊本

　　　19.3×14.2cm　9行19字　四周單欄　花口　單魚尾

清末藍格手抄帳冊：

019 **長邑各都圖漕米總冊**　　　　　　　　　　　　　　　14-78

020 **長邑各都圖無閨田單冊**　　　　　　　　　　　　　　14-80

021 **長邑經號田單底冊**　　　　　　　　　　　　　　　　14-81

022 **長邑小租簿**　　　　　　　　　　　　　　　　　　　14-89

023 **長吳佃冊**　　　　　　　　　　　　　　　　　　　　14-84

024 **辦糧底冊**　　　　　　　　　　　　　　　　　　　　14-86

025 **吳邑無閨辦糧冊　吳邑銀漕有閨副冊**　　　　　　　　14-88

目錄類

001 **崇文總目**5卷　補遺1卷　附錄 1卷　　　　　　　　東史18-8

　　　宋，王堯臣等編

　　　嘉慶4年（1799）汗筠齋叢書本

　　　19.5×13.2cm　10行20字　左右雙欄　白口　單魚尾

002 **直齋書錄解題**22卷　　　　　　　　　　　　　　　18–5
　　宋，陳振孫撰
　　光緒9年（1883）江蘇書局刊本
　　17.7×12.4cm　11行24字　四周雙欄　花口　單魚尾

003 **郡齋續書志**20卷　附校補 1卷　　　　　　　　　18–9
　　宋，晁公武撰
　　光緒11年（1885）刊本
　　19×11.5cm　8行24字　四周雙欄　花口　單魚尾

004 **文淵閣書目**20卷　　　　　　　　　　　　　支哲18–55
　　明，楊士奇等編
　　清，讀畫齋叢書本
　　13×9.9cm　9行22字　左右雙欄　黑口

005 **四庫全書總目** 200卷　　　　　　　　　　　　高瀨史16
　　清，紀　昀等撰
　　清刊本
　　14.4×10.9cm　9行21字　左右雙欄　花口

006 **四庫全書簡明目錄**20卷　　　　　　　　　　　　史17
　　清，紀　昀等撰
　　清刊袖珍本
　　10.6×7.7cm　9行21字　四周雙欄　花口

007 **同上**　　　　　　　　　　　　　　　　　　東史18–10
　　光緒5年（1879）墨潤堂刊袖珍本
　　10.3×7.8cm　9行21字　左右雙欄　花口

008 **四庫簡明目錄標注**20卷　　　　　　　　　　　18–7
　　清，邵懿辰撰
　　宣統3年（1911）半巖廬刊本

　　　　17×13.1cm　10行18字　左右雙欄　白口　單魚尾

009　**四庫書目略**20卷　　　　　　　　　　　　　　　　　高瀨史18

　　　清，費莫文良撰18

　　　同治9年（1870）刊本

　　　13.2×9.9cm　9行21字　左右雙欄　花口　單魚尾

010　**天祿琳琅書目**10卷　後編20卷　　　　　　　　　　支哲18-52

　　　清，于敏中等編

　　　光緒10年（1884）長沙王氏刊本

　　　20×14.5cm　9行21字　左右雙欄　黑口　雙魚尾

011　**浙江採集遺書總錄**11集　　　　　　　　　　　　　18-48

　　　清，鐘　音等編

　　　乾隆39年（1774）刊本

　　　18.2×13cm　10行20字　四周單欄　黑口　單魚尾

012　**日本訪書志**16卷　　　　　　　　　　　　　　　　東史18-6

　　　清，楊守敬撰　　　　　　　　　　　　　　　　　　支文18-38

　　　光緒23年（1879）蘇園刊本（兩部）

　　　17.1×12.7cm　9行20字　左右雙欄　黑口　單魚尾

013　**愛日精廬藏書志**36卷　續志　4卷　　　　　　　　　支文18-31

　　　清，張金吾撰

　　　光緒13年（1887）吳縣靈芬閣徐氏活字本

　　　18.9×13.5cm　11行24字　四周單欄　花口　雙魚尾

014　**儀顧堂題跋**16卷　續跋16卷　　　　　　　　　　　18-32

　　　清，陸心源撰

　　　光緒16年（1890）刊本

　　　17.2×11.9cm　10行20字　四周雙欄　白口　單魚尾

015　**皕宋樓藏書志**　120卷　　　　　　　　　　　　　　支哲18-49

　　　　清，陸心源撰

　　　　光緒8年（1882）萬卷樓刊存齋雜纂本

　　　　17.3×12cm　10行20字　四周雙欄　花口　單魚尾

016　**藝風藏書記**8卷　續記8卷　　　　　　　　　　　　　支文18-37

　　　　清，繆荃孫撰

　　　　光緒27年（1901）刊本　續記民國 2年（1903）刊本

　　　　18.5×13.2cm　11行23字　左右雙欄　黑口　單魚尾

017　**拜經樓藏書題跋記**5卷　附錄1卷　經籍跋文 1卷　　　18-39

　　　　清，吳壽暘撰

　　　　道光27年（1847）刊本

　　　　16.5×12.4cm　11行21字　四周單欄　黑口　雙魚尾

018　**士禮居藏書題跋記** 6卷　　　　　　　　　　　　　　18-42

　　　　清，黃丕烈撰

　　　　光緒8年（1882）刊本

　　　　16.6×12.4cm　11行23字　左右雙欄　黑口　單魚尾

019　**百宋一廛賦注** 1卷　　　　　　　　　　　　　　　　18-43

　　　　清，顧廣圻、黃丕烈注

　　　　光緒3年（1877）刊本

　　　　19.4×14.3cm　9行18字　四周單欄　白口　單魚尾

020　**楹書隅錄初編**5卷　續編4卷　　　　　　　　　　　　18-44

　　　　清，楊紹和撰

　　　　光緒20年（1894）海源閣刊本

　　　　17.8×12.6cm　9行21字　左右雙欄　花口　單魚尾

021　**鐵琴銅劍樓藏書目錄**24卷　　　　　　　　　　　　　支哲18-46

　　　　清，瞿　鏞撰

　　　　光緒24年（1898）常熟瞿氏刊本

　　　　18×12.4cm　10行22字　左右雙欄　黑口　單魚尾

022　**觀古堂書目叢刻**15種　　　　　　　　　　　　　　　　　18–53

　　　清，葉德輝編

　　　光緒28年（1902）湘潭葉氏刊本

　　　17.4×13.2cm　11行22字　左右雙欄　黑口　雙魚尾

023　**江刻書目** 3種　　　　　　　　　　　　　　　　　　　18–54

　　　清，江　標編

　　　光緒23年（1897）元和江氏靈鶼閣刊本

　　　19.5×13.6cm　10行20字　左右雙欄　白口　單魚尾

024　**八史經籍志** 8種　　　　　　　　　　　　　　　　東史18–58

　　　清，張壽榮編

　　　光緒8年（1882）蘇州振新書社刊本

　　　21.7×15.2cm　10行21字　左右雙欄　白口　單魚尾

025　**北京大學堂圖書館圖書草目**不分卷　　　　　　　　高瀨史19

　　　北京大學堂圖書館編

　　　宣統2年（1910）油印本

　　　半葉10行

026　**彙刻書目**20卷　　　　　　　　　　　　　　　　　　　史20

　　　清，顧　修輯、朱記榮增訂

　　　光緒15年（1889）上海福瀛書局刊本

　　　13.6×9.6cm　11行25字　左右雙欄　黑口　單魚尾

027　**行素堂目睹書錄**10編　附 1卷　　　　　　　　　　　史21

　　　清，朱記榮撰

　　　光緒10年（1884）孫谿朱氏槐廬家塾刊本

　　　12.8×9.9cm　9行21字　左右雙欄　黑口

028　**書目答問**不分卷　　　　　　　　　　　　　　　　高瀨子42

　　　清，張之洞

　　　光緒21年（1895）上海蜚英館石印本

　　　18.7×13.4cm　13行25字　左右雙欄　白口　單魚尾

029　**集古錄跋尾**10卷　　　　　　　　　　　　　　　　東史20-12

　　　宋，歐陽修撰

　　　清刊本

　　　18.4×13.2cm　10行21字　四周雙欄　花口　單魚尾

030　**金石錄**30卷　　　　　　　　　　　　　　　　　　20-25

　　　宋，趙明誠撰

　　　順治7年（1650）刊本

　　　18.7×13cm　9行21字　四周單欄　花口　單魚尾

031　**鐘鼎款識**　1卷　　　　　　　　　　　　　　　　20-33

　　　宋，王順伯

　　　道光28年（1848）漢陽葉志詵重摹阮元積古齋本

　　　32.5×22.2cm　四周單欄　花口

032　**碑傳集**160卷　首2卷　　　　　　　　　　　　　　20-34

　　　清，錢儀吉撰

　　　光緒19年（1893）江蘇書局刊本

　　　20.8×13.9cm　16行27字　四周單欄　黑口　雙魚尾

033　**續碑傳集**86卷　首　2卷　　　　　　　　　　　　20-1

　　　清，繆荃孫撰

　　　宣統2年（1910）江楚編譯書局刊本

　　　20.3×13.7cm　16行27字　四周單欄　黑口　雙魚尾

034　**秦漢瓦當文字**1卷　續1卷　　　　　　　　　　　　20-3

　　　清，程　敦撰

　　　清，道光間橫渠書院刊本

　　　21.4×17.4cm　11行25字　四周單欄　黑口

035　**金石存**15卷　　　　　　　　　　　　　　　　　　　　20-4

清，吳玉搢撰

嘉慶24年（1819）山陽李氏聞妙香室刊本

19.8×13.4cm　11行21字　左右雙欄　黑口　單魚尾

036　**鐘鼎字源**　5卷　　　　　　　　　　　　　　　　　　　20-6

清，汪立名撰

光緒5年（1879）洞庭秦氏麟慶堂刊本

17.5×13cm　6行20字　左右雙欄　白口　單魚尾

037　**吉金所見錄**16卷　首　1卷　　　　　　　　　　　　　　20-7

清，初尚齡撰　　　　　　　　　　　　　　　　　　　　20-27

道光7年（1827）古香書舍刊本（兩部）

19.5×14.3cm　10行25字　四周雙欄　花口　單魚尾

038　**石鼓文定本**10卷　附地名考敘　1卷　　　　　　　　　　20-9

清，古華山農撰

光緒16年（1890）古華山館刊本

16.9×12.8cm　10行20字　左右雙欄　花口　單魚尾

039　**金石綜例**4卷　附1卷　　　　　　　　　　　　　　支哲20-39

清，馮登府撰

光緒13年（1887）朱氏槐廬叢書本

17.7×13cm　11行23字　左右雙欄　黑口　雙魚尾

040　**古今碑帖考**不分卷　　　　　　　　　　　　　　　東史20-41

明，朱　晨撰

明刊本

19.7×13.6cm　10行20字　左右雙欄　花口　雙魚尾

041　**金石索**不分卷　　　　　　　　　　　　　　　　　　　20-49

清，馮雲鵬撰

光緒32年（1906）上海文新局石印本

15.1×12cm　四周單欄　花口　單魚尾

042 **兩浙金石志**18卷　　　　　　　　　　　　　　20-136

清，阮　元撰

光緒16年（1890）浙江書局刊本

18.3×13.4cm　11行22字　左右雙欄　花口　單魚尾

043 **陶齋藏石記**44卷　首 1卷　　　　　　　　　　20-151

清，龔錫齡等撰

宣統元年（1909）上海商務印書館刊本

19.9×12.9cm　10行25字　四周單欄　花口　單魚尾

044 **關中金石記** 8卷　　　　　　　　　　　　　　20-157

清，畢　沅撰

宣統2年（1910）成都渭南嚴氏刊本

15.6×11.4cm　11行21字　左右雙欄　黑口　雙魚尾

045 **山右石刻叢編**40卷　　　　　　　　　　　　　20-158

清，胡聘之編

光緒27年（1901）刊本

18.6×14.7cm　12行23字　左右雙欄　黑口　雙魚尾

046 **來齋金石考略** 3卷　　　　　　　　　　　　　20-173

清，林　侗撰

道光21年（1841）刊本

18.5×13.1cm　9行22字　四周雙欄　黑口　雙魚尾

史評類

001 **史通通釋**20卷　　　　　　　　　　　　　　支文14-713

清，浦起龍撰

乾隆17年（1752）刊本

19×13.6cm　9行22字　左右雙欄　白口

002 **同上**　　　　　　　　　　　　　　　　　　　　東史14-704

清末翰墨園刊本

17.3×13.2cm　11行24字　四周單欄　黑口

003 **史通訓故補**20卷　　　　　　　　　　　　　　　支文14-70

清，黃叔琳撰

乾隆12年（1747）養素堂刊本

15.5×11.3cm　9行19字　左右雙欄　花口　單魚尾

004 **舊聞證誤** 4卷　　　　　　　　　　　　　　　　東史14-17

宋，李心傳撰

清刊本

18.9×14.4cm　10行20字　四周雙欄　花口　單魚尾

005 **讀史管見**30卷　　　　　　　　　　　　　　　　14-708

宋，胡　寅撰

崇禎8年（1635）刊本

18.8×14.8cm　9行20字　左右雙欄　花口　單魚尾

006 **歷代史論**12卷　　　　　　　　　　　　　　　　14-703

明，張　溥撰

光緒5年（1879）刊本

17.4×12.3cm　11行21字　左右雙欄　黑口　雙魚尾

007 **章氏遺書：文史通義**8卷　**校讎通義**3卷　　　14-710

清，章學誠撰

光緒4年（1878）刊本

21.2×15cm　12行25字　四周單欄　花口　單魚尾

子　部

儒家類

001　**荀子箋釋**20卷　　　　　　　　　　　　　　　　　　高瀨子13
　　周，荀　況撰　唐楊　倞注
　　嘉慶9年（1804）姑蘇聚文堂刊本
　　18.6×13.1cm　10行20字　左右雙欄　花口　單魚尾

002　**大學衍義**43卷　補160卷　再補1卷　　　　　　　　　東史21-13
　　宋，眞德秀撰　明，丘　濬補
　　崇禎5年（1632）刊本
　　21.4×14.4cm　10行20字　四周單欄　花口　單魚尾

003　**北溪字義** 2卷　　　　　　　　　　　　　　　　　　支哲51-17
　　宋，陳　淳撰
　　道光20年（1840）惜陰軒叢書本
　　17.3×12.8cm　10行21字　左右雙欄　黑口　單魚尾

004　**朱子語類大全** 140卷　　　　　　　　　　　　　　　51-25
　　宋，朱　熹撰　黎靖德編
　　明據江西藩司本重刊本
　　20.1×15.5cm　14行24字　左右雙欄　白口　三魚尾

005　**近思錄**14卷　　　　　　　　　　　　　　　　　　　51-31
　　宋，朱　熹撰
　　乾隆元年（1736）福州正誼書院刊本
　　18×14.2cm　10行22字　左右雙欄　花口　單魚尾

006　**近思錄集注**14卷　　　　　　　　　　　　　　　　51–233

宋，朱　熹撰　清，茅星來注

嘉慶22年（1817）刊本

17.8×13.9cm　12行22字　左右雙欄　黑口　雙魚尾

007　**近思續錄**14卷　　　　　　　　　　　　　　　　51–15

清，劉源淥撰

同治8年（1869）刊本

20.2×13.5cm　12行27字　四周單欄　黑口

008　**先聖大訓**　6卷　　　　　　　　　　　　　　　　51–111

宋，楊　簡撰

萬曆43年（1615）刊本

21.7×15.3cm　8行16字　四周單欄　花口

009　**太極圖說**不分卷　　　　　　　　　　　　　　　　51–112

宋，周敦頤撰

清，嘉慶間周培恩抄本

11行25字

010　**虛齋看太極圖說**不分卷　　　　　　　　　　　　　51–32

明，蔡　清撰

嘉靖16年（1537）藍印本

18.7×13.2cm　8行18字　左右雙欄　白口　單魚尾

011　**黃氏日抄**99卷　　　　　　　　　　　　　　　東史33–49

元，黃　震撰

乾隆32年（1767）刊本

18.7×13.3cm　14行26字　四周雙欄　花口　單魚尾

012　**傳習錄**　3卷　　　　　　　　　　　　　　　　支哲51–27

明，王守仁撰

崇禎3年（1630）白鹿洞刊本

21.4×14.6cm　10行20字　四周單欄　白口　單魚尾

013 **陽明先生道學鈔** 7卷　　　　　　　　　　51-70

明，王守仁撰

明末刊本

21.9×14.8cm　9行18字　四周單欄　花口　單魚尾

014 **王陽明先生書疏證**4卷　　**經說弟子記**4卷　　**大學古本薈參** 51-92

1卷　續1卷　**說經拾餘** 1卷

清，胡　泉撰

咸豐8年（1858）刊本

19.2×14.4cm　9行19字　四周雙欄　白口／花口

單魚尾

015 **性理大全會通**70卷　　**續編**42卷　　　　　51-51

明，胡　廣等奉敕編　續編明，鍾人傑編

明，光裕堂　聚錦堂刊本

19.2×14.4cm　10行20字　四周單欄　花口　單魚尾

016 **聖學格物通** 100卷　　　　　　　　　　　51-65

明，湛呑水撰

同治5年（1866）資政堂刊本

18.8×14cm　9行18字　四周單欄　黑口　雙魚尾

017 **呻吟語** 6卷　　　　　　　　　　　　　51-235

明，呂　坤撰

萬曆21年（1593）刊本

21.4×14.2cm　9行19字　左右雙欄　花口　單魚尾

018 **人譜類記** 2卷　　　　　　　　　　　　51-197

明，劉宗周撰

嘉慶19年（1814）刊本

17.4×13.5cm　10行20字　左右雙欄　黑口

019 **龍溪王先生語錄鈔** 8卷　　　　　　　　　　51－234

明，王　畿撰　　　　　　　　　　　　　（貴重書）

20.7×14.5cm　9行18字　四周單欄　花口　單魚尾

020 **道一編** 6卷　　　　　　　　　　　　　　51－124

明，程敏政撰　　　　　　　　　　　　　（貴重書）

弘治3年（1490）刊本

19.8×13.2cm　11行19字　四周雙欄　黑口　雙魚尾

021 **理學備考**34卷　　　　　　　　　　　　　51－49

清，范鄗鼎撰

康熙46年（1707）五經堂刊本

19×11.8cm　9行25字　四周雙欄　花口

022 **廣理學備考**46卷　　　　　　　　　　　　51－52

撰人刊年版式同上

023 **性理精義**12卷　　　　　　　　　　　　　51－50

清聖祖編

康熙56年（1717）內府刊本

22.2×16.1cm　8行大字18字，小字22 四周雙欄　花口

單魚尾

024 **榕村語錄續編**20卷　　　　　　　　　　　51－93

清，黃家鼎編

光緒20年（1894）傅氏藏園刊本

16.8×12.3cm　12行22字　左右雙欄　黑口　雙魚尾

025 **四存編**11卷　　　　　　　　　　　　　　51－103

清，顏　元撰

康熙44年（1705）刊本

19.9×14.5cm　11行22字　左右雙欄　花口　單魚尾

026 **顏氏學記**10卷　　　　　　　　　　　　　　　51-108

清，戴　望撰

光緒20年（1894）龍山白巖書院刊本

17.2×13.5cm　12行24字　左右雙欄　黑口

027 **朱子聖學考略**10卷　附錄　1卷　　　　　　　51-122

清，朱澤澐撰

清末刊本

16.8×13.2cm　10行22字　左右雙欄　花口　單魚尾

028 **朱子晚年全論** 8卷　　　　　　　　　　　　51-120

清，李　紱編

清末三省堂排印本

17.6×12.5cm　12行23字　四周雙欄　花口　單魚尾

029 **考正晚年定論** 2卷　　　　　　　　　　　　51-136

清，孫承澤撰

康熙12年（1673）刊本

18.3×13.9cm　9行20字　四周單欄　花口

030 **陸子學譜**20卷　　　　　　　　　　　　　　51-137

清，李　紱編

光緒3年（1877）素位堂刊本

18.9×12.8cm　10行24字　四周單欄　花口　單魚尾

031 **理學逢源**12卷　　　　　　　　　　　　　　51-232

清，汪　紱撰

光緒23年（1897）刊本

　　　　19.2×12.9cm　10行22字　四周雙欄　花口　單魚尾

032　**理學宗傳**26卷　　　　　　　　　　　　　　　　　高瀨子33

　　　清，孫奇逢編

　　　光緒6年（1880）浙江書局刊本

　　　17.4×12.4cm　9行20字　左右雙欄　花口　單魚尾

033　**姚江釋毀錄**不分卷　　　　　　　　　　　　　　集45

　　　清，彭定求撰

　　　清末刊本

　　　17.2×13.5cm　10行19字　左右雙欄　黑口　單魚尾

034　**漢學商兌**　4卷　　　　　　　　　　　　　　　　支哲21-6

　　　清，方東樹撰

　　　同治10年（1871）望三益齋刊本

　　　17.4×13.3cm　10行23字　左右雙欄　花口　單魚尾

035　**同上**　　　　　　　　　　　　　　　　　　　　支哲21-62

　　　光緒26年（1900）浙江書局刊本（兩部）　　　座春風121

　　　17.6×13.3cm　10行23字　左右雙欄　黑口

兵家類

001　**孫吳司馬法**3種　8卷　　　　　　　　　　　　東史25-1

　　　周，孫　武等撰

　　　同治10年（1871）淮南書局刊本

　　　16.9×11.1cm　11行20字　左右雙欄　白口　單魚尾

002　**孫子書**　3卷　　　　　　　　　　　　　　　　支哲25-7

　　　周，孫　武撰

明萬曆間刊本

20.6×14.4cm　9行18字　四周單欄　花口　單魚尾

003　**練兵實紀**9卷　雜集6卷　　　　　　　　　　崎門48

明，戚繼光撰

清末京都琉璃廠活字本

18.7×13.4cm　9行21字　左右雙欄　黑口

004　**易筋經** 2卷　　　　　　　　　　　　　　高瀨子47

後魏，達　摩撰

同治13年（1874）刊本

15.6×10.6cm　8行20字　四周雙欄　花口　單魚尾

法家類

001　**管子評註**24卷　　　　　　　　　　　　　高瀨子14

周，管　仲撰　唐，房玄齡註

嘉慶9年（1804）姑蘇聚文堂刊本

19.7×14.1cm　9行20字　四周單欄　花口　單魚尾

002　**管子校正**24卷　　　　　　　　　　　　　支哲24-2

周，管　仲撰　清，戴　望校

同治11年（1872）刊本

16.9×13.4cm　12行24字　左右雙欄　黑口

003　**管子義證** 8卷　　　　　　　　　　　　　東史24-1

清，洪頤煊撰

光緒15年（1889）徐氏刊本

16.3×12.1cm　11行21字　左右雙欄　黑口　雙魚尾

004　**韓非子評註**20卷　　　　　　　　　　　　高瀨子44

周，韓　非撰　明，王世貞註

嘉慶9年（1804）姑蘇聚文堂刊本

17×14cm　11行21字　四周單欄　黑口

醫家類

001　**本草備要** 4卷　　　　　　　　　　　　　　　支哲26-11

清，汪　昂撰

清，靈蘭堂刊袖珍本

12.8×9.4cm　8行22字　四周單欄　花口

天文算法類

001　**宋遼金元四史朔閏考** 2卷　　　　　　　　　　東史19-10

清，錢大昕撰

咸豐2年（1852）粵雅堂叢書本

12.8×9.8cm　左右雙欄　黑口

002　**御纂歷代三元甲子編年不分卷　御定萬年書** 2卷　　支哲19-17

清，不著編人

清，同治間刊本

13.6×10.1cm　上下雙欄　花口　單魚尾

藝術類

001　**小石山房印譜**4卷　**附**1卷　　　　　　　　　東史20-37

清，顧　湘編

同治8年（1869）小石山房刊本

　　　　13.9×9.1cm　四周單欄　白口

002　**封泥考略**10卷　　　　　　　　　　　　　　　　　20-42

　　　清，吳式芬、陳介琪同輯

　　　光緒30年（1904）刊本

　　　18.5×11.5cm　9行24字　四周單欄　白口　雙魚尾

003　**印香閣印譜**不分卷　　　　　　　　　　　　　支哲20-110

　　　清，趙錫綬編

　　　清，嘉慶間刊本

　　　21.3×15.7cm　四周雙欄　花口　單魚尾

004　**篆學瑣著**30卷　　　　　　　　　　　　　　　　30-12

　　　清，顧　湘編

　　　道光25年（1845）刊本

　　　18.6×11.7cm　9行21字　四周雙欄　黑口

005　**西京職官印錄** 2卷　　　　　　　　　　　　　　30-68

　　　清，徐　堅編

　　　乾隆19年（1754）鄧尉徐氏裒新館刊本

　　　19.4×12.1cm　四周單欄　花口　單魚尾

006　**集古印存**16卷　　　　　　　　　　　　　　　　30-69

　　　清，王紹增撰

　　　嘉慶9年（1804）刊本

　　　約22.6×15.2cm　花口

譜錄類

001　**宣和博古圖錄**30卷　　　　　　　　　　　　　東史20-26

　　　宋，王　黼撰

　　明刊本

　　21.1×13.9cm　8行17字　四周單欄　白口

002　**西清古鑑**40卷　附錢錄16卷　　　　　　　　　　　　20-22

　　清，梁詩正等奉敕撰

　　清刊本

　　18.2×13.8cm　10行18字　四周雙欄　花口　雙魚尾

003　**古泉匯**60卷　首 2卷　　　　　　　　　　　東史20-23

　　清，李佐賢撰　　　　　　　　　　　　　　　支哲20-72

　　同治3年（1864）利津李氏石泉書屋刊本（兩部）

　　17.7×11.6cm　9行24字　四周雙欄　花口　單魚尾

004　**茶經**3卷　**附茶具圖贊**1卷　**茶譜** 1卷　　　　支文28-50

　　唐，陸　羽撰

　　萬曆16年（1588）刊本

　　20.8×14.8cm　9行18字　左右雙欄　花口　單魚尾

雜家類

001　**墨子注**15卷　附目錄 1卷　　　　　　　　　　　高瀨子17

　　周，墨　翟撰　清，畢　沅注

　　光緒2年（1876）浙江書局重刊畢氏靈巖山館本

　　18.1×13cm　9行21字　左右雙欄　白口　單魚尾

002　**墨子閒詁**15卷　目錄1卷　附錄1卷　後語 2卷　　　子38

　　周，墨　翟撰 清，孫詒讓注

　　光緒21年（1895）蘇州毛上珍刊聚珍本

　　19.4×14.9cm　11行23字　左右雙欄　黑口　雙魚尾

003　**淮南子箋釋**21卷　　（闕卷1～卷6）　　　　　　　子21

漢，劉　安撰、高　誘注

清末刊本

17.5×13.8cm　11行21字　四周單欄　黑口

004 **淮南子校勘記**不分卷　　　　　　　　　　　　　　　　子49

清，汪文臺撰

光緒11年（1885）刊本

19.1×14.6cm　12行24字　四周雙欄　黑口　雙魚尾

005 **淮南鴻烈解**21卷　　　　　　　　　　　　　　　　支哲28–53

漢，劉　安撰

明刊本

20.9×14.6cm　9行20字　四周單欄　花口　單魚尾

006 **劉子** 2卷　　　　　　　　　　　　　　　　　　　高瀨子24

北齊，劉　畫撰

光緒元年（1875）湖北崇文書局刊本

18.9×14.9cm　12行24字　四周雙欄　黑口　雙魚尾

007 **薛子道論** 3卷　　　　　　　　　　　　　　　　　　子22

明，薛　瑄撰

刊年、版式同上

008 **諸子平議**35卷　　　　　　　　　　　　　　　　東史28–15

清，俞　樾撰

清末刊本

16.4×11.8cm　10行21字　左右雙欄　白口　單魚尾

009 **困學紀聞五箋集證**20卷　　　　　　　　　　　　　28–30

宋，王應麟撰

清末刊本

18.3×13.8cm　11行25字　左右雙欄　花口　單魚尾

010　**困學紀聞注**20卷　　　　　　　　　　　　　　　　　支文28–35
　　宋，王應麟撰
　　道光5年（1825）餘姚守福堂刊本
　　18.4×14.3cm　11行20字　左右雙欄　花口　單魚尾

011　**讀書雜志**82卷　餘編　2卷　　　　　　　　　　　　　支哲21–7
　　清，王念孫撰
　　清刊本
　　17.5×13.1cm　10行21字　四周雙欄　白口　單魚尾

012　**東塾讀書記**12卷　又　3卷　　　　　　　　　　　　　高瀨經97
　　清，陳　澧撰
　　光緒8年（1882）廣州刊本
　　18.9×14.4cm　12行24字　四周單欄　黑口　單魚尾

013　**同上**　　　　　　　　　　　　　　　　　　　　　　　支哲21–9
　　光緒24年（1898）紉蘭書館重刊廣州本
　　版式同上

014　**同上**　　　　　　　　　　　　　　　　　　　　　　　高瀨子39
　　清刊袖珍本
　　10.9×8.5cm　12行24字　四周單欄　黑口　單魚尾

015　**義門讀書記**58卷　　　　　　　　　　　　　　　　　　支文35–64
　　清，何　焯撰
　　乾隆34年（1769）石香齋刊本
　　14.7×11.8cm　14行22字　左右雙欄　黑口　單魚尾

016　**札樸**10卷　　　　　　　　　　　　　　　　　　　　　支哲21–10
　　清，桂　馥撰
　　光緒9年（1883）長洲蔣氏心矩齋刊本
　　16.4×11.9cm　11行21字　左右雙欄　黑口　雙魚尾

017　**札　迻**12卷　　　　　　　　　　　　　　　　　　　中哲21–45
　　　清，孫詒讓撰　　　　　　　　　　　　　　　　　　　支文33–37
　　　光緒20年（1894）刊本（兩部）
　　　17.5×13.8cm　12行23字　左右雙欄　黑口　雙魚尾

018　**明夷待訪錄**不分卷　　　　　　　　　　　　　　　　支文28–8
　　　清，黃宗羲撰
　　　光緒5年（1879）刊本
　　　15.3×11cm　10行20字　左右雙欄　花口　單魚尾

019　**明夷待訪錄糾謬** 1卷　　　　　　　　　　　　　　　支哲28–18
　　　清，李滋然撰
　　　宣統3年（1911）排印本
　　　17.5×13.5cm　13行30字　四周雙欄　花口　單魚尾

020　**詳解日知錄集釋**32卷　刊誤2卷　續刊誤2卷　　　　　28–5
　　　清，顧炎武撰　黃汝成釋
　　　光緒25年（1899）京都琉璃廠刊本
　　　11.8×9.4cm　10行22字　四周雙欄　花口　單魚尾

021　**日知錄之餘** 4卷　　　　　　　　　　　　　　　　　28–2
　　　清，顧炎武撰
　　　宣統2年（1910）刊本
　　　20.1×15.1cm　11行22字　左右雙欄　花口　單魚尾

022　**癸巳類稿**15卷　　　　　　　　　　　　　　　　　　支文33–64
　　　清，俞正燮撰
　　　道光13年（1833）求日益齋刊本
　　　18.2×14.2cm　12行24字　四周雙欄　花口　單魚尾

023　**癸巳存稿**15卷　　　　　　　　　　　　　　　　　　33–63
　　　清，俞正燮撰

　　光緒10年（1884）刊本

　　版式同上

024　**述學** 2卷　　　　　　　　　　　　　　　　　　支哲21-2

　　清，汪　中撰

　　清末刊本

　　18.7×13.6cm　11行21字　左右雙欄　花口　單魚尾

025　**三敎平心論** 2卷　　　　　　　　　　　　　　　高瀬子60

　　清，劉　謐撰

　　同治3年（1864）刊本

　　17.9×14.1cm　10行20字　左右雙欄　白口

026　**捫蝨新話**15卷　　　　　　　　　　　　　　　　支哲28-13

　　宋，陳　善撰

　　明末汲古閣刊本

　　19.1×13.5cm　8行19字　左右雙欄　花口

027　**鶴林玉露**16卷　附補遺 1卷　　　　　　　　　　　28-26

　　宋，羅大經撰　　　　　　　　　　　　　　　　（貴重書）

　　明刊本

　　20.2×14.2cm　9行20字　四周單欄　花口　單魚尾

028　**齊東野語**20卷　　　　　　　　　　　　　　　　33-201

　　宋，周　密撰

　　清刊本

　　20.5×14cm　9行20字　四周單欄　花口　單魚尾

029　**容齋隨筆五集**16卷　　　　　　　　　　　　　東史39-12

　　宋，洪　邁撰

　　光緒20年（1894）皖南洪氏重刊見山草堂本

　　17.5×12.2cm　9行18字　左右雙欄　黑口

030　**草木子** 4卷　　　　　　　　　　　　　　　　　支哲14-64
　　　明，葉子奇撰
　　　同治13年（1874）處州府刊本
　　　18.6×12.9cm　9行24字　左右雙欄　花口　單魚尾

031　**同上**　　　　　　　　　　　　　　　　　　　座春風71
　　　乾隆27年（1762）刊本
　　　19.5×14.5cm　10行22字　四周雙欄　花口　單魚尾

032　**湧幢小品**32卷　　　　　　　　　　　　　　　支文28-36
　　　明，朱國禎撰
　　　明刊本
　　　21.2×15cm　9行20字　左右雙欄　花口　單魚尾

033　**因樹屋書影**10卷　　　　　　　　　　　　　　　28-4
　　　清，周亮工撰
　　　雍正3年（1725）賴古堂刊本
　　　17.2×13.3cm　9行18字　四周單欄　花口　單魚尾

034　**勸學篇**內、外篇各 1卷　　　　　　　　　　　東史28-22
　　　清，張三洞撰
　　　光緒24年（1898）兩湖書院刊本
　　　21.2×15.5cm　10行23字　左右雙欄　花口　單魚尾

035　**居易錄**34卷　　　　　　　　　　　　　　　　支文28-25
　　　清，王士禎撰
　　　清，雍正間刊本
　　　17×13.2cm　10行20字　左右雙欄　黑口　單魚尾

036　**池北偶談**26卷　　　　　　　　　　　　　　　35-70
　　　清，王士禎撰
　　　康熙30年（1691）文粹堂刊本

19.2×15cm　11行23字　左右雙欄　黑口　單魚尾

037　**敬簡堂學治雜錄** 4卷　　　　　　　　　　　東史28-29

清，戴　杰撰

光緒14年（1888）刊本

17×12.9cm　9行21字　四周雙欄　花口　單魚尾

038　**十駕齋養新錄**20卷　餘錄 3卷　　　　　　　28-31

清，錢大昕撰

光緒2年（1876）浙江書局重刊本

17.3×12.7cm　10行23字　左右雙欄　白口　單魚尾

039　**日知薈說** 4卷　　　　　　　　　　　　　支哲21-245

清高宗　宗撰

乾隆元年（1736）刊本

18.6×14cm　7行18字　四周雙欄　花口　單魚尾

040　**榕堂續錄** 4卷　　　　　　　　　　　　　高瀨子91

清，蔣超伯撰

清刊本

16.3×12.2cm　10行21字　四周雙欄　花口　單魚尾

041　**晉宋書故** 1卷　　　　　　　　　　　　　東史10-15

清，郝懿行撰

嘉慶20年（1815）刊本

17×13cm　10行21字　左右雙欄　花口　單魚尾

042　**同上**　　　　　　　　　　　　　　　　　支文14-43

嘉慶20年（1816）曬書堂刊本

16.7×12.9cm　10行21字　四周雙欄　花口　單魚尾

043　**史微（內篇）** 4卷　　　　　　　　　　　東史14-40

清，張采田撰

宣統3年（1911）多伽羅香館叢書本

20.6×14.4cm　10行24字　四周單欄　黑口　單魚尾

044　**勸善歌**不分卷　　　　　　　　　　　　　　　　　　高瀨子97

清，端　方撰

光緒24年（1898）刊本

18.7×13.2cm　8行15字　四周雙欄　白口　單魚尾

045　**堯山堂外紀**　100卷　　　　　　　　　　　　　　　支文28-28

明，蔣一葵撰　　　　　　　　　　　　　　　　　　　　　35-50

萬曆34年（1606）刊本（三部）　　　　　　　　　　座春風70

23×14.1cm　8行19字　四周單欄　花口

046　**七修類稿**51卷　　　　　　　　　　　　　　　　　東史28-32

明，郎　瑛撰

乾隆40年（1775）耕烟草堂刊袖珍本

13.5×9.9cm　9行20字　左右雙欄　黑口

047　**智囊全集**28卷　　　　　　　　　　　　　　　　　支文28-37

明，馮夢龍撰

明，集古堂刊本

21.3×13.8cm　9行20字　四周單欄　花口　單魚尾

048　**初潭集**28卷　　　　　　　　　　　　　　　　　　33-153

明，李　贄撰

明末刊本

20.3×13.6cm　9行20字　四周單欄　花口　單魚尾

049　**遵生八牋**20卷　　　　　　　　　　　　　　　　　座春風50

明，高　濂撰

嘉慶15年（1810）金閶多文堂刊本

20.3×12.3cm　9行18字　四周單欄　花口　單魚尾

050　**經史百家雜鈔**26卷　　　　　　　　　　　　　支哲33−21

　　清，曾國藩撰

　　光緒14年（1888）鴻文書局排印本

　　15.8×10.9cm　17行41字　四周雙欄　白口　單魚尾

051　**群書拾補**37種　　　　　　　　　　　　　　　中哲33−325

　　清，盧文弨撰　　　　　　　　　　　　　　　　　支文38−45

　　光緒13年（1887）上海蜚英館據抱經堂本石印本（兩部）

　　15.2×10.7cm　10行21字　左右雙欄　花口　單魚尾

052　**船山遺書**77種　　288卷　　　　　　　　　　支哲21−21

　　清，王夫之撰

　　同治4年（1865）湘鄉曾氏金陵節署刊本

　　18.8×12.6cm　10行22字　左右雙欄　黑口　雙魚尾

053　**戴氏遺書**33種　　　　　　　　　　　　　　　33−33

　　清，戴　震撰

　　清，微波榭刊本

　　18.4×13.8cm　10行21字　四周雙欄　花口　單魚尾

054　**隨庵徐氏叢書**10種　　　　　　　　　　　　支文33−56

　　清，徐乃昌撰

　　光緒34年（1908）刊本

　　版式不等

055　**郝氏遺書**34種　　　　　　　　　　　　　　33−80

　　清，郝懿行撰

　　光緒8年（1882）刊本

　　17.5×12.9cm　9行21字　左右雙欄　黑口　單魚尾

056　**師伏堂叢書**19種　　　　　　　　　　　　　支哲33−89

　　清，皮錫瑞撰

光緒間師伏堂刊本

21×15.2cm　12行25字　左右雙欄　白口　單魚尾

057 **巽軒孔氏所著書** 7種　60卷　　　　　　　　　　　　　　支文33-93

清，孔廣森撰

嘉慶22年（1817）刊本

18.5×15.2cm　10行20字　左右雙欄　黑口　雙魚尾

058 **梨洲遺著彙刊**29種　　　　　　　　　　　　　　　　　支哲33-135

清，黃宗羲撰

宣統2年（1910）上海時中書局排印本

15.3×11.7cm　14行31字　四周單欄　白口

059 **潛研堂全書**33種　　　　　　　　　　　　　　　　　　33-140

清，錢大昕撰

光緒10年（1884）長沙龍氏家塾刊本

18.2×12.8cm　10行22字　左右雙欄　黑口　雙魚尾

060 **景紫堂全書**17種　81卷　　　　　　　　　　　　　　　51-97

清，夏　炘撰

同治元年（1862）刊本

18.6×12.6cm　9行24字　四周雙欄　花口　單魚尾

061 **正誼堂全書**66種　　　　　　　　　　　　　　　　　　51-99

清，張伯行編

清，福州正誼書院刊本

19.1×13.9cm　10行22字　左右雙欄　花口　單魚尾

062 **正誼堂全書**13種　　　　　　　　　　　　　　　　　座春風82

清，張伯行編

康熙47（1708）年正誼堂刊本

20×13.8cm　10行22字　四周單欄　花口　單魚尾

063　**亭林先生遺書彙輯**43種　附錄 3種　　　　　　　　支哲51-286
　　　清，顧炎武撰
　　　光緒14年（1888）朱氏校經山房刊本
　　　18.8×14.7cm　11行20字　　左右雙欄　　白口　　單魚尾

064　**少室山房筆叢**48卷　　　　　　　　　　　　　　支文33-24
　　　明，胡應麟撰
　　　光緒22年（1896）廣雅書局刊本
　　　20.5×15.4cm　11行24字　　四周單欄　　黑口　　單魚尾

065　**宜稼堂叢書**11種　　　　　　　　　　　　　　　東史13-35
　　　清，郁松年編
　　　清，道光間宜稼堂刊本
　　　18.2×13.1cm　11行22字　　左右雙欄　　黑口　　雙魚尾

066　**唐代叢書** 164種　　　　　　　　　　　　　　　27-10
　　　清，王文誥編
　　　清刊袖珍本
　　　12.8×9.8cm　9行21字　　左右雙欄　　花口　　單魚尾

067　**嶺南遺書**59種　　　　　　　　　　　　　　　　支文33-29
　　　清，伍元薇編
　　　道光27年（1847）粤雅堂重刊南海伍氏本
　　　18.8×14.2cm　11行22字　　四周單欄　　黑口　　雙魚尾

068　**南菁書院叢書** 8集　　　　　　　　　　　　　　33-42
　　　清，王先謙編
　　　光緒14年（1888）南菁書院刊本
　　　18×12.6cm　9行25字　　左右雙欄　　花口　　單魚尾

069　**滂喜齋叢書**53種　　　　　　　　　　　　　　　33-61
　　　清，潘祖蔭編

　　　清末滂喜齋刊本

　　　17.2×13.4cm　11行23字　左右雙欄　黑口

070　**龍威秘書**10集　　　　　　　　　　　　　　　33-62

　　　清，馬俊良編

　　　清末刊本

　　　12.4×9.5cm　9行20字　左右雙欄　小黑口

071　**紹興先正遺書甲集**　8種　　　　　　　　　支哲33-69

　　　清，徐友蘭編

　　　清末會稽徐友蘭刊本

　　　18.7×13.6cm　10行23字　左右雙欄　白口　單魚尾

072　**紹興先正遺書**　4集　　　　　　　　　　　支文33-72

　　　撰人、刊年、版式同上

073　**庸盦海外文編**等　3種　　　　　　　　　　支哲33-251

　　　清，薛福成編

　　　清，光緒間石印本

　　　13.4×10.1cm　14行30字　四周單欄　黑口　單魚尾

074　**經韻樓叢書**11種　　　　　　　　　　　　　34-24

　　　清，段玉裁編

　　　道光元年（1821）七葉衍祥堂刊本

　　　16.8×13.8cm　11行22字　左右雙欄　白口　單魚尾

075　**文選樓叢書**26種　　　　　　　　　　　　支文34-33

　　　清，阮　元編

　　　清，嘉慶間揚州阮氏文選樓刊本

　　　18.1×13.5cm　10行21字　四周雙欄　花口　單魚尾

076　**守山閣叢書**110種　652卷　　　　　　　　38-4

　　　清，錢熙祚編

　　　　光緒15年（1889）鴻文書局石印袖珍本

　　　　12.4×8.8cm　11行23字　左右雙欄　黑口

077　**連筠簃叢書**12種　　110卷　　　　　　　　　　　　　　東史38-5

　　　　清，楊尙文編

　　　　道光28年（1848）靈石楊氏刊本

　　　　19×13.5cm　10行23字　四周單欄　花口　單魚尾

078　**百子全書**　100種（或稱子書百家）　　　　　　　　　支哲38-7

　　　　湖北崇文書局編　　　　　　　　　　　　　　　　　　高瀨子11

　　　　光緒元年（1875）湖北崇文書局刊本（兩部）

　　　　18.8×14.8cm　12行24字　四周雙欄　黑口　雙魚尾

079　**晨風閣叢書**22種　　　　　　　　　　　　　　　　　　支文38-9

　　　　清，不著編人

　　　　宣統元年（1909）沈氏校刊本

　　　　13.1×10.2cm　11行21字　四周單欄　黑口

080　**槐廬叢書**54種　　　　　　　　　　　　　　　　　　　東史38-11

　　　　清，朱記榮編

　　　　光緒13年（1887）吳縣朱氏家塾刊本

　　　　16.5×12.6cm　11行21字　左右雙欄　黑口　單魚尾

081　**海山仙館叢書**56種　　　　　　　　　　　　　　　　　38-12

　　　　清，潘仕成撰

　　　　道光29年（1849）海山仙館刊本

　　　　12.4×9.7cm　9行21字　左右雙欄　黑口

082　**靈鶼閣叢書**56種　　　　　　　　　　　　　　　　　　38-17

　　　　清，江　標編

　　　　光緒23年（1897）湖南使院刊本

　　　　16.1×12.2cm　11行23字　左右雙欄　黑口　單魚尾

083 **稗海**74種　　　　　　　　　　　　　　　　支文38–18

明，商　濬編

清刊本

21.3×14.2cm　9行20字　四周單欄　花口　單魚尾

084 **武英殿聚珍版叢書** 137種　（原闕2種，實存135種）　支哲38–21

清高宗敕編

同治10年（1871）福建布政使翻刻武英殿刊本

21.7×16.3cm　四周雙欄　花口　單魚尾

085 **雅雨堂叢書**12種　　　　　　　　　　　　　東史38–24

清，盧見曾撰

乾隆21年（1756）雅雨堂刊本

18×14.3cm　10行21字　四周單欄　花口　單魚尾

086 **湖海樓叢書**12種　　　　　　　　　　　　　38–25

清，陳　春編

嘉慶24年（1819）湖海樓刊本

17×13.5cm　10行20字　左右雙欄　黑口

087 **士禮居黃氏叢書**24種　　　　　　　　　　　38–26

清，黃丕烈編

光緒13年（1887）上海蜚英館石印本

16×11cm　8行17字　左右雙欄　白口　單魚尾

088 **咫進齋叢書**35種　　　　　　　　　　　　　38–27

清，姚覯元編

光緒7年（1881）歸安姚氏校刊本

18×13.6cm　13行22字　左右雙欄　黑口　雙魚尾

089 **知不足齋叢書**30集、首帙 1種　　　　　　　38–39

清，鮑廷博編

　　清，長塘鮑氏刊袖珍本

　　12.9×9.8cm　9行21字　左右雙欄　黑口

090　**後知不足齋叢書**54種　　　　　　　　　　　　　　38-29

　　清，鮑廷爵編

　　光緒10年（1884）常熟鮑氏刊本

　　18.6×14.7cm　12行24字　左右雙欄　黑口　單魚尾

091　**常州先哲遺書**43種　　　　　　　　　　　　　　38-30

　　清，盛宣懷編

　　光緒25年（1895）武進盛氏刊本

　　18.2×13.3cm　14行25字　左右雙欄　黑口　單魚尾

092　**藝海珠塵**　164種　　　　　　　　　　　　　　　38-31

　　清，吳省蘭編

　　清末聽彝堂刊本

　　15.4×12cm　10行21字　左右雙欄　花口　單魚尾

093　**湖北三十三種**33種　　　　　　　　　　　　　　38-33

　　清，湖北崇文書局編

　　光緒元年（1875）湖北崇文書局刊本

　　18.8×14.8cm　12行24字　四周雙欄　黑口　雙魚尾

094　**湘綺樓全書**19種　　　　　　　　　　　　　　　38-35

　　清，王闓運編

　　光緒32年（1906）刊本

　　19.5×12.8cm

095　**湖北叢書**31種　　　　　　　　　　　　　　　　38-36

　　清，不著編人

　　光緒17年（1891）三餘草堂刊本

　　16×11.9cm　10行，大字18小字24字　四周單欄　黑口

　　　雙魚尾

096　**說郛** 120卷　　　　　　　　　　　　　　　　　　38–37

　　明，陶宗儀編

　　順治4年（1647）宛委山堂刊本

　　19.3×14.4cm　9行20字　左右雙欄　花口　單魚尾

097　**說郛續**46卷　　　　　　　　　　　　　　　　　　38–38

　　編人刊年版式同上

098　**藕香零拾**39種　　　　　　　　　　　　　　　　　38–40

　　清，繆荃孫編

　　宣統2年（1910）刊本

　　15.6×12.1cm　14行21字　左右雙欄　黑口　單魚尾

099　**小萬卷樓叢書**17種　　　　　　　　　　　　　支文38–41

　　清，錢培名編

　　光緒4年（1878）刊本

　　16.7×12.5cm　10行20字　左右雙欄　花口　單魚尾

100　**二十家子書**20種　　　　　　　　　　　　　　支哲38–42

　　明，謝汝韶編

　　萬曆6年（1578）吉藩崇德書院刊本

　　21.6×16.1cm　11行22字　四周雙欄　花口　單魚尾

101　**粵雅堂叢書**30集　　181種　　　　　　　　　東史38–44

　　清，伍崇曜編

　　咸豐3年（1853）刊袖珍本

　　13.2×10cm　9行21字　左右雙欄　黑口

102　**經訓堂叢書**21種　　　　　　　　　　　　　　　38–48

　　清，畢　沅編

　　乾隆48年（1783）畢氏刊本

　　19.7×14.7cm　11行22字　四周單欄　黑口　雙魚尾

103 **同上**　　　　　　　　　　　　　　　　　　　中哲38–81

　　光緒13年（1887）文同書局石印本

　　15.5×9.9cm　14行33字　四周雙欄　花口　單魚尾

104 **隨園三十種**30種　　　　　　　　　　　　　支文38–51

　　清，袁　枚編

　　清，乾隆間隨園刊袖珍本

　　13.4×10.4cm　10行21字　左右雙欄　黑口

105 **畿輔叢書**335種　　　　　　　　　　　　　38–54

　　清，王　灝編

　　清末刊本

　　18.7×12.4cm　10行22字　四周雙欄　黑口

106 **積學齋叢書**20種　　　　　　　　　　　　支文38–52

　　清，徐乃昌編　　　　　　　　　　　　　　中哲38–80

　　光緒19年（1893）南陵徐氏積學齋刊本（兩部）

　　16.2×12.2cm　11行21字　左右雙欄　黑口　雙魚尾

107 **平津館叢書**10集　43種　　　　　　　　　支文38–57

　　清，孫星衍編

　　光緒11年（1885）吳縣朱氏槐廬家塾刊本

　　16.4×11.3cm　11行20字　左右雙欄　白口　單魚尾

108 **祕冊彙函**21種　　　　　　　　　　　　　38–58

　　明，胡震亨編

　　萬曆31年（1603）刊本

　　19.5×13.9cm　9行18字　左右雙欄　白口　單魚尾

109 **叢書十二種**12種　　　　　　　　　　　　38–66

　　清，葉晴峰編

　　　　光緒24年（1844）品石山房刊本

　　　　18.7×11.4cm　8行20字　四周雙欄　花口　單魚尾

110　**文道十書**10種　　　　　　　　　　　　　　　　39-3

　　　　清，陳景雲編

　　　　乾隆19年（1754）刊本

　　　　19.1×14.2cm　10行20字　左右雙欄　白口　單魚尾

111　**春在堂全書**38種　　　　　　　　　　　　　　支哲39-4

　　　　清，俞　樾編

　　　　清末刊本

　　　　16.6×11.5cm　10行21字　左右雙欄　黑口

112　**玉函山房輯佚書**　635種　　　　　　　　　　　39-5

　　　　清，馬國翰編

　　　　光緒9年（1883）長沙嫏嬛館刊本

　　　　17×12.5cm　9行20字　四周雙欄　花口　單魚尾

113　**杭氏七種**　7種　　　　　　　　　　　　　　東史39-6

　　　　清，杭世駿編

　　　　清刊本

　　　　18.4×13.2cm　10行21字　左右雙欄　白口　單魚尾

114　**汪雙池先生叢書**31種　　　　　　　　　　　支哲51-98

　　　　清，汪　紱編

　　　　光緒23年（1897）刊本

　　　　17.8×14.4cm　12行24字　四周雙欄　黑口　單魚尾

115　**古香齋袖珍十種**10種　　　　　　　　　　　支文39-18

　　　　清，孔廣陶編

　　　　光緒9年（1883）孔氏三十有三萬卷堂刊本

　　　　10.1×8.1cm　12行17字　四周雙欄　花口　單魚尾

類書類

001 **藝文類聚** 100卷　　　　　　　　　　　　　　　　東史31-2
　　唐，歐陽詢編
　　萬曆15年（1587）刊本
　　20.1×13.8cm　10行20字　左右雙欄　花口　單魚尾

002 **北堂書鈔** 160卷　　　　　　　　　　　　　　　　支文31-4
　　唐，虞世南編
　　光緒14年（1888）南海孔廣陶三十有三萬卷堂刊本
　　19.1×15.8cm　12行22字　四周單欄　黑口

003 **元和姓纂** 10卷　　　　　　　　　　　　　　　　東史19-1
　　唐，林　寶編
　　光緒6年（1880）金陵書局刊本
　　17.4×14.4cm　12行24字　左右雙欄　黑口　雙魚尾

004 **玉海** 200卷　附辭學指南4卷　　　　　　　　　　　支哲31-5
　　宋，王應麟編
　　光緒9年（1883）浙江書局刊本
　　18.2×13.1cm　10行20字　左右雙欄　白口　單魚尾

005 **太平御覽** 1000卷　　　　　　　　　　　　　　　東史31-10
　　宋，李　昉編
　　嘉慶17年（1812）歙縣鮑氏刊本
　　19×13.7cm　13行22字　左右雙欄　花口　單魚尾

006 **冊府元龜** 1000卷　　　　　　　　　　　　　　　31-15
　　宋，王欽若編
　　道光26年（1846）片善堂刊本

18.7×14.8cm　10行20字　四周單欄　花口

007　**通鑑總類**20卷　　　　　　　　　　　　　　　　11-3

宋，沈　樞撰

光緒20年（1894）京都申榮堂刊本

15×11.1cm　11行23字　四周雙欄　黑口　單魚尾

008　**六朝事跡編類**14卷　　　　　　　　　　　　　　14-26

宋，張敦頤撰

光緒13年（1887）寶章閣仿宋刊本

19.7×13.7cm　12行19字　四周雙欄　黑口　雙魚尾

009　**潛確類書** 120卷　　　　　　　　　　　　　　　31-11

明，陳仁錫編

明，金閶映雪草堂刊本

21.3×14.8cm　10行20字　四周單欄　花口　單魚尾

010　**五車韻瑞** 160卷　　　　　　　　　　　　　　　31-12

明，凌稚隆編

明，文茂堂刊本

22.4×15.3cm　10行20字　四周單欄　花口　單魚尾

011　**典籍便覽** 8卷　　　　　　　　　　　　　　支哲31-42

明，范　泓編

萬曆31年（1603）刊本

22.2×14.4cm　10行　四周單欄　花口　單魚尾

012　**經濟類編** 100卷　　　　　　　　　　　　　　14-714

明，馮　琦編

萬曆32年（1604）刊本

22.1×15.1cm　10行20字　四周單欄　花口　單魚尾

013　**通俗編**38卷　　　　　　　　　　　　　　　支文31-3

　　清，翟　灝編

　　乾隆16年（1751）無不宜齋刊本

　　17×12.7cm　12行22字　左右雙欄　花口　單魚尾

014　**駢字類編** 240卷　　　　　　　　　　　　　　　　　　支哲31-6

　　清世宗敕編

　　光緒13年（1887）上海同文書局石印本

　　16.1×11.5cm　20行42字　四周雙欄　白口　雙魚尾

015　**增補事類統編**93卷　　　　　　　　　　　　　　　　　31-7

　　清，黃葆眞編

　　光緒14年（1888）上海文歷書局石印袖珍本

　　9.7×6.7cm　15行42字　四周單欄　花口　單魚尾

016　**佩文韻府** 106卷　　　　　　　　　　　　　　　　　　31-13

　　清，張玉書編

　　光緒8年（1882）上海點石齋照相石印本

　　18.8×12.3cm　34行25字　四周雙欄　花口　三魚尾

017　**全唐文姓氏韻編**不分卷　　　　　　　　　　　　　　　支文31-16

　　清代官修

　　清刊本

　　19.6×14.2cm　9行22字　四周雙欄　花口　單魚尾

018　**康熙字典**12集　　　　　　　　　　　　　　　　　　　31-17

　　清，張玉書編

　　康熙55年（1716）刊本

　　19.8×13.9cm　9行12字（小字24）　四周雙欄

　　花口　單魚尾

019　**稱謂錄**32卷　　　　　　　　　　　　　　　　　　　　31-29

　　清，梁章鉅編

光緒10年（1884）刊本

18.4×13cm　9行21字　左右雙欄　花口　單魚尾

020 **詩學含英**14卷　　　　　　　　　　　　　　　　　支哲31-34

清，劉文蔚編

同治8年（1864）丹柱堂刊袖珍本

12.1×9.3cm　9行13字（小字26）　左右雙欄　花口

單魚尾

021 **御定歷代題話詩類** 120卷　　　　　　　　　　　　34-9

清，陳邦彥等編

康熙46年（1707）刊本

18.3×12.9cm　11行23字　左右雙欄　黑口　單魚尾

022 **詩材類對纂要** 4卷　　　　　　　　　　　　　　東史35-15

清，鄭兆蜇、申贊皇合編

乾隆24年（1759）釀花書屋刊本

16.4×12.1cm　8行20字　左右雙欄　花口　單魚尾

小說家類

001 **輟耕錄**30卷　　　　　　　　　　　　　　　　　東史27-14

元，陶宗儀撰

清初廣文堂覆刊汲古閣本

19.9×13.5cm　10行21字　左右雙欄　花口

002 **山海經箋疏**18卷　附圖讚1卷　訂譌1卷　　　　　16-34

清，郝懿行撰

光緒7年（1881）順天府刊本

18.7×14.6cm　10行24字　左右雙欄　花口

003　**酉陽雜俎**20卷　續10卷　　　　　　　　　　　　27-17

　　唐，段成式撰

　　光緒2年（1876）五鳳樓刊本

　　18.1×12.9cm　10行21字　四周雙欄　花口　單魚尾

004　**太平廣記**　500卷　　　　　　　　　　　　　27-8

　　宋，李　昉等編

　　乾隆20年（1755）槐蔭草堂袖珍本

　　12.4×8.9cm　12行22字　四周雙欄　花口　單魚尾

005　**五朝小說**　357卷　　　　　　　　　　　　　27-1

　　明，馮夢龍編

　　明，心遠堂刊本

　　19×14.2cm　9行20字　左右雙欄　花口　單魚尾

006　**閱微草堂筆記**24卷　　　　　　　　　　　　支文27-19

　　清，紀　昀撰

　　道光15年（1835）北平盛氏望益書屋刊本

　　17.3×11.8cm　10行21字　左右雙欄　黑口　雙魚尾

007　**醒世恆言**40卷　　　　　　　　　　　　　37B-9

　　明，馮夢龍撰　可一居士評點

　　天啓7年（1627）衍慶堂刊本

　　18.5×13.6cm　12行22字　四周單欄　花口　單魚尾

008　**今古奇觀**40卷　　　　　　　　　　　　　支文37B-9

　　明，抱甕老人　　　　　　　　　　　　　　高瀨集63

　　明，同文堂刊本（兩部）

　　21.7×14.7cm　12行27字　四周單欄　花口　單魚尾

009　**同上**40卷　　　　　　　　　　　　　　支文37B-11

　　明末金谷園刊本

24.4×15cm　11行23字　四周單欄　花口　單魚尾

010 **同上**　　　　　　　　　　　　　　　　　　　　　　高瀨集64

乾隆49年（1784）刊本

19.8×14.1cm　11行24字　四周單欄　花口　單魚尾

011 **龍圖公案**10卷　　　　　　　　　　　　　　　　　支文37B-14

明，陶烺元撰

明末金閶種書堂刊本

19.5×12.4cm　10行22字　四周單欄　花口　單魚尾

012 **金瓶梅**　100回　　　　　　　　　　　　　　　　　　37B-15

明，蘭陵笑笑生撰

康熙34年（1695）刊本

19.7×13.8cm　10行22字　四周單欄　白口

013 **封神演義**19卷　100回　　　　　　　　　　　　　　37B-19

明，鍾　惺評點

康熙34年（1695）學庫山房刊本

20.6×13.3cm　11行24字　四周單欄　花口　單魚尾

014 **忠義水滸全書**　120回　　　　　　　　　　　　　東史37B-20

明，施耐庵撰，李　贄評點　　　　　　　　　　　　支文37B-45

明末刊本（兩部）

20.8×14.4cm　10行22字　四周單欄　花口

015 **儒林外史全傳**56回　　　　　　　　　　　　　　　東史37B-21

明，吳敬梓撰

乾隆元年（1736）刊袖珍本

12.7×9.6cm　9行18字　四周單欄　花口　單魚尾

016 **同上**（題名：增訂儒林外史）　　　　　　　　　支文37B-22

同治13年（1874）齊省堂刊袖珍本

　　　12.6×9.5cm　9行18字　四周雙欄　花口　單魚尾

017　**醒世姻緣傳** 100回　　　　　　　　　　　　　　37B-23

　　　明，西周生撰

　　　同治9年（1870）刊本

　　　20×13.4cm　10行25字　四周單欄　花口　單魚尾

018　**聊齋志異新評**16卷　　　　　　　　　　　　　　27-11

　　　清，蒲松齡撰　但明倫評

　　　光緒7年（1881）廣州林記書莊雙色套印本

　　　13.3×10.9cm　9行21字　四周單欄　黑口

019　**聊齋志異評註**16卷　　　　　　　　　　　　　高瀨子58

　　　清，蒲松齡撰　呂湛恩注　王士正評

　　　同治5年（1866）青柯亭刊本

　　　12.7×10.3cm　10行21字　四周單欄　花口　單魚尾

020　**東周列國全志**23卷　　　　　　　　　　　　　支文37B-4

　　　清，蔡　昇評點

　　　咸豐4年（1854）書成山房雙色套印本

　　　16.8×12.4cm　12行26字　四周雙欄　花口　單魚尾

021　**紅樓夢** 120回　　　　　　　　　　　　　　　支哲37B-16

　　　清，曹雪芹撰

　　　嘉慶25年（1820）藤花榭刊袖珍本

　　　12.1×9.8cm　11行24字　左右雙欄　黑口

022　**悟一子西遊真詮** 100回　　　　　　　　　　　支文37B-17

　　　清，陳士斌解

　　　康熙35年（1696）刊本

　　　21.2×14.9cm　11行24字　四周單欄　花口　單魚尾

023　**西遊原旨**24卷　　　　　　　　　　　　　　　支哲37B-18

清，劉一明撰

嘉慶24年（1819）護國菴刊本

20.3×13.7cm　10行24字　左右雙欄　花口　單魚尾

024 **女仙外史** 100回　　　　　　　　　　　　　　　　　　　　支文37B-33

清，呂　熊撰

清末釣璜軒刊本

19.7×13.6cm　10行22字　四周單欄　花口　單魚尾

025 **結水滸**70卷　（又名蕩寇志）　　　　　　　　　　　　　37B-35

清，俞萬春撰

嘉慶11年（1806）刊袖珍本

13.7×10.8cm　8行22字　左右雙欄　花口　單魚尾

026 **三俠五義** 120回　　　　　　　　　　　　　　　　　　　37B-36

清，石玉崑撰

光緒9年（1883）京都文雅齋書坊刊本

14.1×11.1cm　10行22字　四周雙欄　花口　單魚尾

027 **品花寶鑑**60回　　　　　　　　　　　　　　　　　　　　東史27-16

清，石函氏撰

宣統元年（1909）刊本

14.1×10.6cm　8行22字　左右雙欄　花口　單魚尾

028 **宋瑣語**不分卷　　　　　　　　　　　　　　　　　　　　13-17

清，不著撰人

清刊本

16.7×13.2cm　10行21字　四周雙欄　花口　單魚尾

釋家類

001 **宏明集**14卷　　　　　　　　　　　　　　　　　　支哲23-5

梁，僧　祐撰

光緒22年（1896）金陵刻經處刊本

17.4×13cm　10行20字　左右雙欄　小黑口

002 **道宣律師天人感通錄** 1卷　　　　　　　　　　　　東史23-8

唐，道　宣撰

光緒15年（1889）江北刻經處刊本

18×13cm　10行20字　左右雙欄　小黑口

003 **禪林僧寶傳**30卷　首1卷　附1卷　補 1卷　　　支哲23-1

宋，惠　洪撰

光緒5年（1879）常熟刻經處刊本

16.8×12.8cm　10行20字　左右雙欄　小黑口

004 **翻譯名義**20卷　　　　　　　　　　　　　　　　　東史23-7

宋，法　雲撰

光緒4年（1878）金陵刻經處刊本

16.8×13cm　10行20字　左右雙欄　小黑口

005 **辯偽錄** 6卷　　　　　　　　　　　　　　　　　　23-10

元，祥　邁撰

光緒33年（1907）揚州藏經院刊本

17.9×13.1cm　10行20字　左右雙欄　小黑口

006 **佛法金湯編**16卷　　　　　　　　　　　　　　　　支哲23-27

明，心　泰撰

光緒12年（1886）長沙刻經處刊本

17.4×13cm　10行20字　左右雙欄　小黑口

007 **往生集** 3卷　　　　　　　　　　　　　　　　　　23-35

明，袾　宏撰

　　萬曆12年（1584）刊本

　　20.9×14.7cm　10行20字　四周單欄　花口　單魚尾

008　**居士傳**56卷　　　　　　　　　　　　　　　　23-2

　　清，知歸子撰

　　清末刊本

　　17.1×12.9cm　10行20字　左右雙欄　小黑口

009　**西方公據**　2卷　　　　　　　　　　　　　　23-14

　　清，彭際清撰

　　光緒4年（1878）金陵刻經處刊本

　　16.9×13cm　10行20字　左右雙欄　小黑口

010　**大慧普覺禪師書**不分卷　　　　　　　　　　51-118

　　宋，普覺禪師撰　慧　然錄　　　　　　　　　（貴重書）

　　明刊本

　　18.5×13.3cm　10行18字　四周單欄　白口　雙魚尾

道家類

001　**老子翼**8卷　　首1卷　　　　　　　　　　　支哲22-10

　　明，焦　竑撰

　　清，光緒間漸西村舍刊本

　　17.7×12.9cm　10行20字　左右雙欄　小黑口

002　**關尹子文始真經**　1卷　　　　　　　　　　高瀨子10

　　周，關尹子撰

　　明刊本

　　19.6×14.1cm　9行18字　左右雙欄　花口　單魚尾

003　**沖虛真經**　8卷　　　　　　　　　　　　　支哲22-11

　　周，列禦寇撰

　　清刊本

　　20.8×15.4cm　9行17字　四周雙欄　花口　單魚尾

004 **南華真經**10卷　　　　　　　　　　　　　　　22-12

　　周，莊　周撰

　　明刊本

　　19.7×14.3cm　8行17字　四周雙欄　白口　單魚尾

005 **南華經**16卷　　　　　　　　　　　　　　　22-13

　　周，莊　周撰

　　明刊三色套印本

　　20.3×14.5cm　8行18字　四周單欄　白口

006 **陰符經發隱、道德經發隱、沖虛經發隱、南華經發隱**　高瀨子92

　　各 1卷

　　清，楊文會撰

　　光緒30年（1904）金陵刻經處刊本

　　17.8×12.9cm　10行20字　左右雙欄　小黑口

007 **歷代神仙通鑑**22卷　　　　　　　　　　　　東史22-15

　　清，徐　道撰

　　康熙39年（1700）刊本

　　18.8×13.4cm　10行22字　四周單欄　花口　單魚尾

008 **太上混元道德真經**不分卷　　　　　　　　　中哲22-69

　　八洞仙祖注

　　同治2年（1863）金陵刊本

　　21.1×14.8cm　8行20字　四周雙欄　花口　單魚尾

009 **繪像丹桂籍**不分卷　　　　　　　　　　　　東史37B-24

　　清，黃正元編

道光11年（1831）炳文堂刊本

19.5×14.3cm　9行25字　四周雙欄　花口　單魚尾

010 **陰騭文圖說**不分卷　　　　　　　　　　　　　　中哲22-70

清，黃正元撰

道光17年（1837）京都晉文齋刊本

20.4×14.8cm　9行25字　四周雙欄　花口　單魚尾

011 **太上寶筏圖說**不分卷　　　　　　　　　　　　　高瀨子87

清，黃正元撰

光緒18年（1892）上海鴻文書局石印本

15.5×10.8cm　14行32字　四周雙欄　白口　單魚尾

012 **天道溯原**　3卷　　　　　　　　　　　　　　　子66

美國，丁韙良撰

光緒33年（1907）上海美華書館排印本

19.6×12cm　13行29字　四周雙欄　白口　單魚尾

013 **同上**　　　　　　　　　　　　　　　　　　　子67

同治8年（1869）上海美華書館銅版印本

15.3×9.7cm　13行27字　四周雙欄　白口　單魚尾

集　部

楚辭類

001　**楚辭章句**17卷　　　　　　　　　　　　　　　　　支文32-1
　　漢，王　逸撰
　　光緒9年（1883）長沙書堂山館重刊汲古閣本
　　17.5×13.2cm　9行15字　左右雙欄　白口　雙魚尾

002　**楚辭集注**　8卷　　　　　　　　　　　　　　　　　32-2
　　宋，朱　熹撰　　　　　　　　　　　　　　　　　　32-17
　　清，聽雨齋刊本（兩部）
　　19.6×13.1cm　8行22字　左右雙欄　花口　單魚尾

003　**同上附後語**6卷　　辯證2卷　　　　　　　　　　　32-9
　　清刊本
　　19.3×15.3cm　10行18字　左右雙欄　白口　雙魚尾

004　**楚辭**19卷　　　　　　　　　　　　　　　　　　　32-8
　　明，陸時雍撰
　　明，緝柳齋刊本
　　20.9×14.5cm　9行20字　四周單欄　花口

005　**山帶閣注楚辭**6卷　　首1卷　　餘論2卷　　說韻1卷　　支哲32-3
　　清，蔣　驥撰
　　雍正5年（1727）山帶閣刊本
　　16.4×13.3cm　10行21字　左右雙欄　白口　單魚尾

006　**屈子楚辭章句**　7卷　　　　　　　　　　　　　　　支文32-4

　　清，劉夢鵬撰

　　嘉慶5年（1800）藜青堂刊本

　　17.9×12.6cm　8行20字　左右雙欄　花口　單魚尾

007　**楚辭新註求確**10卷　　　　　　　　　　　　　　　　32-5

　　清，胡濬源撰

　　嘉慶25年（1820）務本堂刊本

　　17.6×12.7cm　9行22字　左右雙欄　白口　單魚尾

008　**楚辭新註** 8卷　　　　　　　　　　　　　　　　　　32-7

　　清，屈　復撰

　　乾隆3年（1738）居易堂刊本

　　21×14.8cm　9行20字　四周雙欄　花口　單魚尾

009　**離騷注** 1卷　　　　　　　　　　　　　　　　　　　7-42

　　清，王樹柟撰

　　光緒16年（1890）文莫室刊本

　　17.8×14.7cm　10行21字　左右雙欄　黑口

別集類

001　**曹集銓評**10卷　　　　　　　　　　　　　　　　支文35-21

　　魏，曹　植撰　清，丁　晏評

　　同治5年（1866）刊本

　　19.2×13.7cm　9行22字　左右雙欄　花口　單魚尾

002　**靖節先生集**10卷　首、末各 1卷　　　　　　　　33-151

　　晉，陶　潛撰

　　光緒9年（1883）江蘇書局刊本

　　15.1×11.4cm　10行19字　四周雙欄　白口　單魚尾

003 **陶淵明集**不分卷　　　　　　　　　　　　　　　　崎門36

　　晉，陶　潛撰

　　光緒元年（1875）影宋刊本

　　20.2×14.5cm　10行16字　左右雙欄　白口　雙魚尾

004 **陶詩集注** 4卷　　　　　　　　　　　　　　　　　　37

　　晉，陶　潛撰　宋，湯　漢注

　　清末章是用拜經樓本重校刊本

　　17.6×13.4cm　10行20字　左右雙欄　黑口　雙魚尾

005 **陶靖節先生詩**4卷　附1卷　　　　　　　　　　　高瀨集2

　　晉，陶　潛撰

　　刊年版式同上

006 **昭明太子集**5卷　附1卷　　　　　　　　　　　支文33-85

　　梁，蕭　統撰

　　天啓元年（1621）刊本

　　20.7×14.6cm　9行18字　左右雙欄　花口　單魚尾

007 **徐孝穆集箋注** 6卷　　　　　　　　　　　　　　35-23

　　陳，徐　陵撰　清，吳兆宜注

　　光緒4年（1878）刊本

　　18.1×14.1cm　10行20字　左右雙欄　白口　單魚尾

008 **庾子山詩集**16卷　　　　　　　　　　　　　　　35-19

　　北周，庾　信撰

　　道光19年（1839）同文堂刊本

　　20×14.3cm　10行20字　左右雙欄　白口　單魚尾

009 **庾開府全集箋注**10卷　　　　　　　　　　　　33-166

　　北周，庾　信撰　清，吳兆宜注

　　清，貴文堂刊本

　　　18.9×14.4cm　10行20字　左右雙欄　白口　單魚尾

010　**庾子山集**16卷　　　　　　　　　　　　　　　　33-167

　　　北周，庾　信撰　清，倪　璠注

　　　道光19年（1839）善成堂刊本

　　　19.8×14.2cm　10行20字　左右雙欄　花口　單魚尾

011　**王右丞集箋注**28卷　首、末各 1卷　　　　　　33-83

　　　唐，王　維撰　清，趙殿成注

　　　乾隆間刊本

　　　17.7×13.7cm　10行20字　左右雙欄　花口　單魚尾

012　**李太白全集**35卷　　　　　　　　　　　　　　33-92

　　　唐，李　白撰

　　　康熙56年（1717）吳門繆武子重刊宋本

　　　17.7×11.1cm　11行20字　左右雙欄　白口　單魚尾

013　**重刊分類補註李詩全集**325卷　**編次李太白文集** 5卷　33-104

　　　唐，李　白撰

　　　明，霏玉齋、瑞桃堂刊本

　　　20×14.2cm　11行22字　左右雙欄　白口　單魚尾

014　**李太白文集**36卷　　　　　　　　　　　　　　33-105

　　　唐，李　白撰

　　　乾隆25年（1760）寶笏樓刊本

　　　17.9×13.7cm　10行20字　左右雙欄　花口　單魚尾

015　**杜工部草堂詩箋**22卷　附年譜2卷　詩話2卷　33-196

　　　唐，杜　甫撰　宋，蔡夢弼注

　　　光緒元年（1875）巴陵方功惠碧琳琅館刊本

　　　19.5×13.3cm　12行26字　左右雙欄　黑口　單魚尾

016　**杜詩鏡銓**20卷　　　　　　　　　　　　　　　35-20

　　唐，杜　甫撰　清，楊　倫注

　　同治11年（1872）望三益齋刊本

　　20.6×15cm　9行20字　左右雙欄　花口　單魚尾

017　**杜工部詩集輯注**20卷　文集2卷　集外詩1卷　　　　　35–22

　　唐，杜　甫撰　清，朱鶴齡注

　　康熙9年（1670）刊本

　　18.8×14.4cm　9行19字　左右雙欄　花口　單魚尾

018　**白香山詩集**40卷　　　　　　　　　　　　　　支哲33–5

　　唐，白居易撰

　　康熙41年（1702）一隅草堂刊本

　　18×14.9cm　12行21字　左右雙欄　花口　單魚尾

019　**孟東野詩集**10卷　　　　　　　　　　　　　支文33–126

　　唐，孟　郊撰

　　清刊本

　　16.4×13.5cm　10行18字　左右雙欄　白口　單魚尾

020　**昌黎先生詩集注**11卷　　　　　　　　　　　中文33–437

　　唐，韓　愈撰　清，顧嗣立注

　　康熙38年（1699）秀野草堂刊本

　　19.2×15cm　11行20字　左右雙欄　白口　單魚尾

021　**昌黎先生全集**52卷　　　　　　　　　　　　　33–439

　　唐，韓　愈撰

　　乾隆6年（1741）崑山永懷堂刊本

　　20.3×11.6cm　9行26字　四周單欄　花口　單魚尾

022　**張說之文集**5卷　補遺5卷　　　　　　　　　　33–438

　　唐，張　說撰

　　光緒31年（1905）結一廬朱氏臏餘叢書刊本

18.8×13.5cm　11行21字　左右雙欄　黑口　單魚尾

023　**昌谷集** 4卷　　　　　　　　　　　　　　　　　　　　支文35-31

唐，李　賀撰　　　　　　　　　　　　　　　　　　　　　　35-45

清刊本（兩部）

20×13.3cm　9行20字　四周單欄　花口　單魚尾

024　**玉谿生詩詳注**3卷　　**樊南文集詳注**8卷　　　　　　　33-102

唐，李商隱撰

乾隆45年（1780）醉六堂刊本

18.7×14.5cm　11行，大字25，小字33　左右雙欄

花口　單魚尾

025　**李義山詩集輯評** 3卷　　　　　　　　　　　　　　　　33-117

唐，李商隱撰　　清，朱鶴齡輯

同治9年（1870）廣州倅署刊本

18.2×14.5cm　10行21字　左右雙欄　花口　單魚尾

026　**樊川文集**20卷　　　　　　　　　　　　　　　　　　　33-115

唐，杜　牧撰

光緒22年（1896）景蘇園影宋刊本

18.9×13.1cm　10行18字　左右雙欄　花口　單魚尾

027　**歐陽文忠公全集**158卷　首1卷　　　　　　　　　　　支哲33-13

宋，歐陽修撰

嘉慶24年（1819）刊本

19.3×14.6cm　10行24字　左右雙欄　花口　單魚尾

028　**文潞公集**40卷　　　　　　　　　　　　　　　　　　　33-54

宋，文彥博撰

嘉靖5年（1526）平陽府解州刊本

20.6×14.6cm　10行20字　四周單欄　白口

029　**南澗甲乙稿**22卷　　　　　　　　　　　　　　　　東史33-2

宋，韓元吉撰

乾隆46年（1781）武英殿聚珍本

19.2×12.5cm　9行21字　四周雙欄　花口　單魚尾

030　**章泉稿**5卷　附1卷　　　　　　　　　　　　　　　支哲33-1

宋，趙　蕃撰

清刊本

18.9×12.5cm　9行21字　四周雙欄　花口　單魚尾

031　**王臨川全集**　100卷　　　　　　　　　　　　　　高瀨集11

宋，王安石撰

光緒9年（1883）聽香館刊本

18.3×13cm　11行22字　左右雙欄　黑口　雙魚尾

032　**少陽集**10卷　　　　　　　　　　　　　　　　　　支文33-22

宋，陳　東撰

光緒18年（1892）順德齊氏知服齋刊本

18×13.1cm　13行22字　左右雙欄　黑口　雙魚尾

033　**陳龍川先生文集**30卷　補遺1卷　附錄 1卷　札記1卷　支哲33-36

宋，陳　亮撰

清刊本

18.6×14.1cm　9行19字　四周單欄　花口　單魚尾

034　**蘇文忠公全集**7種　110卷　　　　　　　　　　　支文33-116

宋，蘇　軾撰

嘉靖13年（1534）江西布政司重刊本

20.1×13cm　10行20字　四周雙欄　花口　雙魚尾

035　**蘇文忠公全集**44卷　　　　　　　　　　　　　　33-192

宋，蘇　軾撰

　　19.6×14.4cm　12行23字　左右雙欄　花口　單魚尾

042　**山谷詩集註**58卷　　　　　　　　　　　　35–33
　　宋，黃庭堅撰　清，任　淵注
　　清刊本
　　19.6×14.4cm　12行23字　左右雙欄　花口　單魚尾

043　**伊川擊壤集**10卷　　　　　　　　　　支哲33–157
　　宋，邵　雍撰
　　康熙8年（1669）刊本
　　19.9×15.4cm　9行18字　四周單欄　花口　單魚尾

044　**邵子全書**24卷　　　　　　　　　　　51–104
　　宋，邵　雍撰
　　萬曆34年（1606）刊本
　　20.8×14.6cm　10行20字　四周雙欄　花口　單魚尾

045　**鐔津文集**19卷　首　1卷　　　　　　東史33–117
　　宋，契　嵩撰
　　光緒28年（1902）揚州藏經院刊本
　　17.8×13cm　10行20字　左右雙欄　小黑口

046　**張南軒先生文集**　7卷　　　　　　　　33–198
　　宋，張　栻撰
　　康熙48年（1709）福州正誼書院刊本
　　19.1×14cm　10行22字　左右雙欄　花口　單魚尾

047　**建康集**8卷　附2卷　　　　　　　　　33–197
　　宋，葉夢得撰
　　道光24年（1844）刊本
　　17.7×13.4cm　11行22字　左右雙欄　花口　單魚尾

048　**朱子文集**100卷　續集11卷　別集　10卷　　中文33–442

宋，朱　熹撰

同治12年（1873）六安涂氏求我齋仿刊嘉靖壬辰本

18.1×13.4cm　12行22字　左右雙欄　花口　單魚尾

049 **朱子全書**66卷　　　　　　　　　　　　　　　　支哲51-69

宋，朱　熹撰

光緒10年（1884）廣東孔氏三十有三萬卷堂刊袖珍本

9.9×8.1cm　9行20字　四周雙欄　花口　單魚尾

050 **晦庵先生朱文公文集** 100卷　　　　　　　　　　　51-85

宋，朱　熹撰

康熙27年（1688）刊本

19.6×14.7cm　12行24字　四周單欄　花口　雙魚尾

051 **朱子文集** 100卷　續集11卷　別集10卷　　　　　51-222

宋，朱　熹撰

嘉靖11年（1532）刊本

18.9×13.3cm　12行22字　四周單欄　花口

052 **晦庵先生朱文公續集**10卷　　　　　　　　　　　51-83

　　　　　　　　　　　　　　　　　　　　　　　（貴重書）

宋，朱　熹撰

明刊本

20.8×16.2cm　10行18字　左右雙欄　黑口　雙魚尾

053 **晦庵先生朱文公文集** 100卷　續集10卷　別集10卷　51-231

　　　　　　　　　　　　　　　　　　　　　　　（貴重書）

宋，朱　熹撰

天順4年（1460）刊本

20.1×12.9cm　11行22字　四周雙欄　黑口　雙魚尾

054 **朱子遺書**12種　　　　　　　　　　　　　　　　51-29

宋，朱　熹撰

清刊本

　　17.8×13.7cm　12行22字　左右雙欄　黑口　雙魚尾

055　**舒文靖公類稿**4卷　附錄2卷　　　　　　　　　　　51-16
　　宋，舒　璘撰
　　同治11年（1872）刊本
　　18.6×13.8cm　10行22字　四周雙欄　花口　單魚尾

056　**劉屏山先生集**20卷　　　　　　　　　　　　　　51-74
　　宋，劉子翬撰
　　光緒27年（1901）武夷雲屏山房潘氏刊本
　　19.3×13.9cm　9行21字　四周雙欄　花口　單魚尾

057　**橫塘集**20卷　　（又名許忠簡集）　　　　　　　51-78
　　宋，許景衡撰
　　光緒2年（1876）瑞安孫氏詒善祠塾刊本
　　17.1×13.6cm　13行22字　左右雙欄　黑口　單魚尾

058　**宋文肅鷹山游先生集**10卷　首　1卷　　　　　　51-80
　　宋，游　酢撰
　　乾隆11年（1746）刊本
　　19.4×13.4cm　9行20字　左右雙欄　花口　單魚尾

059　**浪語集**35卷　　　　　　　　　　　　　　　　51-84
　　宋，薛季宣撰
　　同治11年（1872）瑞安孫氏詒善祠塾刊本
　　16.3×13.5cm　13行22字　左右雙欄　黑口　單魚尾

060　**象山先生全集**36卷　　　　　　　　　　　　　51-86
　　宋，陸九淵撰
　　清刊本
　　20.3×13cm　10行20字　四周雙欄　白口　單魚尾

061　**象山先生全集**36卷　附　1卷　　　　　　　　高瀨集13

宋，陸九淵撰

同治10年（1871）陸氏家廟刊本

19.2×13.3cm　9行20字　四周雙欄　花口　單魚尾

062　**慈湖先生遺書**18卷　　　　　　　　　　　　　　　　支哲51-87

宋，楊　簡撰

嘉靖4年（1525）刊本

21×14.2cm　10行20字　四周雙欄　花口　單魚尾

063　**北溪陳先生全集**50卷　附字義2卷　外集1卷　　　　　51-94

宋，陳　淳撰

光緒7年（1881）種香別業刊本

21.5×14.3cm　10行22字　四周雙欄　黑口　雙魚尾

064　**絜齋集**24卷　　　　　　　　　　　　　　　　　　　51-96

宋，袁　燮撰

同治11年（1872）四明袁氏進脩堂重刊本

17.4×13.5cm　10行21字　左右雙欄　黑口　雙魚尾

065　**艾軒先生文集**10卷　　　　　　　　　　　　　　　　55-100

宋，林光朝撰

光緒18年（1892）劉尙文手抄本

10行19字

066　**黃文肅公文集**40卷　　　　　　　　　　　　　　　　51-142

宋，黃　榦撰

清刊本

18.9×13.9cm　10行22字　四周單欄　花口　單魚尾

067　**真西山先生文集** 8卷　　　　　　　　　　　　　　　51-192

宋，眞德秀撰

康熙48年（1709）正誼堂刊本

　　　19.5×13.8cm　10行22字　四周單欄　花口　單魚尾

068　**徂徠文集** 2卷　　　　　　　　　　　　　　　　52–23

　　　宋，石　介撰

　　　康熙49年（1710）正誼堂刊本

　　　20×13.9cm　10行22字　左右雙欄　花口　單魚尾

069　**呂東萊先生遺集**20卷　　　　　　　　　　　座春風141

　　　宋，呂祖謙撰

　　　雍正元年（1723）古婺敬勝堂刊本

　　　19.6×13.8cm　10行24字　左右雙欄　花口　單魚尾

070　**陸放翁全集** 157卷　　　　　　　　　　　支文33–20

　　　宋，陸　游撰

　　　明末毛晉汲古閣刊本

　　　18.3×14.6cm　8行18字　左右雙欄　花口

071　**鄭所南先生心史** 7卷　　　　　　　　　　東史33–26

　　　宋，鄭思肖撰

　　　崇禎12年（1639）刊本

　　　21.1×14cm　9行20字　左右雙欄　花口　單魚尾

072　**文山先生文集**20卷　　　　　　　　　　　　33–199

　　　宋，文天祥撰

　　　嘉靖39年（1560）刊本

　　　20.7×14.1cm　10行22字　四周單欄　花口　單魚尾

073　**豫章羅先生文集**17卷　年譜 1卷　　　　支哲51–68

　　　宋，羅從彥撰　　　　　　　　　　　　　　（貴重書）

　　　成化8年（1472）（刊本）

　　　19.6×12.9cm　13行23字　四周雙欄　黑口　雙魚尾

074　**元遺山先生全集**40卷　附 1卷　　　　　東史33–210

　　　金，元好問撰

　　　光緒3年（1877）京都同立堂書肆刊本

　　　17.9×14.5cm　12行23字　左右雙欄　花口　單魚尾

075　**元遺山詩集箋注**14卷　首、末各 1卷　　　　　　　支文35-34

　　　金，元好問撰　清，施國祁注

　　　道光2年（1822）南潯瑞松堂蔣氏刊本

　　　17.7×14cm　12行23字　左右雙欄　黑口

076　**元遺山先生全集**40卷　附年譜3種　新樂府4卷　續夷　座春風47

　　　堅志 4卷

　　　金，元好問撰

　　　光緒8年（1882）京都翰文齋書坊重刊靈石楊氏本

　　　17.9×14.5cm　12行23字　左右雙欄　花口　單魚尾

077　**郝文忠公陵川文集**39卷　　　　　　　　　　　　　支哲33-35

　　　元，郝　經撰

　　　嘉慶3年（1798）刊本

　　　18.7×13cm　10行22字　左右雙欄　花口　單魚尾

078　**師山先生文集**8卷　遺文5卷　附錄 1卷　　　　　　支文33-73

　　　元，鄭　玉撰

　　　明刊本

　　　17.4×13cm　10行20字　四周單欄　白口　單魚尾

079　**清閟閣全集**12卷　　　　　　　　　　　　　　　　33-82

　　　元，倪　瓚撰

　　　康熙52年（1713）城書室刊本

　　　17.8×13.8cm　11行21字　四周單欄　白口　單魚尾

080　**雁門集**14卷　附 1卷　　　　　　　　　　　　　　36A-18

　　　元，薩都拉撰

　　乾隆50年（1785）刊本

　　19×13.8cm　9行22字　四周雙欄　花口　單魚尾

081　**草廬吳文正公集**49卷　　　　　　　　　　　　支哲51-135

　　元，吳　澄撰

　　清刊本

　　19.6×13.8cm　10行21字　左右雙欄　花口　單魚尾

082　**黃漳浦集**50卷　首 1卷　　　　　　　　　　　33-3
　　　　　　　　　　　　　　　　　　　　　　　　33-7

　　明，黃道周撰

　　清，道光間刊本（兩部）

　　18.9×14.2cm　11行24字　左右雙欄　黑口　雙魚尾

083　**弇州山人四部稿** 174卷　　　　　　　　　　　支文33-14

　　明，王世貞撰

　　萬曆5年（1577）世經堂刻本

　　20.4×15.8cm　10行20字　四周雙欄　花口　單魚尾

084　**弇山堂別集** 100卷　　　　　　　　　　　　　33-15

　　明，王世貞撰

　　清，光緒間廣雅書局刊本

　　20.7×15.4cm　11行24字　四周單欄　黑口　單魚尾

085　**黃忠端公全集**6種　附1種　　　　　　　　　支哲33-48

　　明，黃尊素撰

　　清末留書種閣刊本

　　17.9×12.8cm　9行23字　四周雙欄　黑口　雙魚尾

086　**篁墩程先生文集**93卷　雜著10卷　別集2卷　外集2卷　33-70

　　明，程敏政撰

　　正德2年（1507）刊本

　　19.4×13cm　13行27字　四周單欄　白口　單魚尾

087 **譚友夏全集**10卷　　　　　　　　　　　　　　33-76
明，譚元春撰
崇禎6年（1633）刊本
19×13.1cm　9行20字　四周單欄　花口　單魚尾

088 **徐文長逸稿**24卷　　　　　　　　　　　　　　33-78
明，徐　渭撰
天啓3年（1623）刊本
20.7×14.4cm　9行20字　四周單欄　花口　單魚尾

089 **張楊園先生全集**16種　　　　　　　　　　　　33-84
明，張履祥撰
道光6年（1826）勤宣堂刊本
19.9×14.6cm　10行24字　左右雙欄　花口　雙魚尾

090 **楊園先生未刻稿**12卷　　　　　　　　　　　　33-81
明，張履祥撰　清，陳敬璋輯
舊抄本
10行22字

091 **涇野先生文集**36卷　　　　　　　　　　　　　33-88
明，呂　柟撰
嘉靖34年（1555）刊本
21.7×14.4cm　10行23字　四周雙欄　花口

092 **檀園集**12卷　　　　　　　　　　　　　支文33-91
明，李流芳撰
崇禎2年（1629）（刊本）
19.3×12.8cm　9行18字　左右雙欄　小黑口

093 **王陽明先生全集**16卷　　　　　　　　　　支哲33-97
明，王守仁撰　　　　　　　　　　　　　高瀨集21

　　道光6年（1826）刊本（兩部）

　　18.7×12.6cm　9行24字　左右雙欄　花口　單魚尾

094　**同　上**（或題　陽明先生文集）　　　　　　　　　　高瀨集51

　　存卷8–15

095　**同上**

　　　　　　　　　　　　　　　　　　　　　　　　　　　　集19

　　存卷16

096　**王文成公全書**38卷　　　　　　　　　　　　　　支哲51–19

　　明，王守仁撰　　　　　　　　　　　　　　　　　　高瀨集17

　　清刊本（兩部）

　　18.3×13.3cm　9行21字　左右雙欄　花口　單魚尾

097　**王文成公文選**　8卷　　　　　　　　　　　　　　支哲51–72

　　明，王守仁撰　鍾　惺評點

　　崇禎6年（1633）金閶溪香館刊本

　　19.4×13.9cm　9行19字　四周單欄　花口

098　**陽明先生文錄**4卷　詩錄4卷　　　　　　　　　　51–89

　　明，王守仁撰

　　嘉靖9年（1530）刊本

　　18.6×13.2cm　9行19字　四周單欄　文錄白口　單魚尾

　　詩錄花口

099　**陽明先生集要三編**　3種15卷　　　　　　　　　　51–90

　　明，王守仁撰

　　崇禎8年（1635）刊本

　　21.8×14.9cm　10行20字　左右雙欄　花口　單魚尾

100　**陽明先生文錄**5卷　外集9卷　別錄10卷　　　　　51–156

　　明，王守仁撰

　　嘉靖15年（1536）刊本

19.3×14.7cm　10行20字　左右雙欄　白口　單魚尾

101　**王陽明先生全集**22卷　首 1卷　　　　　　　　　　　

明，王守仁撰

康熙19年（1680）敦厚堂刊本

19.4×14.2cm　9行19字　四周雙欄　花口　單魚尾

102　**王陽明先生文鈔**20卷　　　　　　　　　　　　　　

明，王守仁撰　清，張問達編

康熙28年（1689）刊本

19.6×13.4cm　9行23字　四周單欄　花口　單魚尾

103　**陽明先生正錄**5卷　別錄7卷　　　　　　　　　　　

明，王守仁撰　陸問禮編

崇禎7年（1634）刊本

22.7×14.9cm　10行20字　四周單欄　花口　單魚尾

104　**陳眉公先生晚香堂小品**24卷　　　　　　　　　　　

明，陳繼儒撰

清刊本

21.3×14.8cm　9行20字　四周單欄　花口　單魚尾

105　**袁中郎全集**24卷　　　　　　　　　　　　　　　　

明，袁宏道撰

明刊本

22.2×14cm　8行18字　四周單欄　白口

106　**唐荊川文集**17卷　　　　　　　　　　　　　　　　

明，唐順之撰

明刊本

20.3×14.6cm　10行20字　左右雙欄　白口　單魚尾

107　**唐荊川先生文集**18卷

明，唐順之撰

光緒21年（1895）武進盛氏用康熙壬辰二南堂本重
　　刊朱印本

18×13.3cm　14行25字　左右雙欄　黑口　單魚尾

108　**唐荊川先生全集**12卷　　　　　　　　　　　　　33-474

明，唐順之撰

明，古吳在茲堂刊本

21.6×14.6cm　10行20字　四周單欄　花口　單魚尾

109　**蒼霞草**20卷　　　　　　　　　　　　　　　支哲33-115

明，葉向高撰

明末刊本

20.3×14.5cm　10行19字　左右雙欄　花口　單魚尾

110　**一齋集**14種35卷　　　　　　　　　　　　　　33-150

明，陳　第撰

道光28年（1848）會山樓刊本

111　**莊靖先生遺集**10卷　　　　　　　　　　　　東史33-208

明，李俊民撰

光緒16年（1890）刊本

18.6×13.9cm　10行20字　四周單欄　白口　單魚尾

112　**空同詩集**34卷　　　　　　　　　　　　　　支文33-215

明，李夢陽撰

光緒26年（1900）渭南嚴氏刊本

17.5×12.6cm　10行22字　左右雙欄　花口　單魚尾

113　**歸震川先生全集**30卷　補編 1卷　　　　　　中文33-458

明，歸有光撰

光緒6年（1880）常熟歸氏重刊本

18.2×14.3cm　10行20字　左右雙欄　花口

114 **玉茗堂全集**46卷　　　　　　　　　　　　　　　　　支文35-18

　　明，湯顯祖撰

　　康熙33年（1694）書林竹林堂刊本

　　21.2×13.1cm　7行18字　四周單欄　白口

115 **枝山文集** 4卷　　　　　　　　　　　　　　　　　　35-26

　　明，祝允明撰

　　同治13年（1874）元和祝氏刊本

　　18.1×13.5cm　12行22字　左右雙欄　花口　單魚尾

116 **高季迪先生大全集**14卷　　　　　　　　　　　　　　35-35

　　明，高　啓撰

　　景泰元年（1450）刊本

　　19.7×14.7cm　10行20字　左右雙欄　白口　單魚尾

117 **湛甘泉先生文集**32卷　　　　　　　　　　　　　　　51-73

　　明，湛若水撰

　　康熙20年（1681）刊本

　　20.3×13.9cm　10行21字　四周雙欄　花口　單魚尾

118 **甘泉先生文錄類選**21卷　　　　　　　　　　　　　　支哲51-153

　　明，湛若水撰

　　（貴重書）

　　嘉靖8年（1529）刊本

　　20.1×14.8cm　10行20字　左右雙欄　白口　單魚尾

119 **舒梓溪集**10卷　　　　　　　　　　　　　　　　　　51-76

　　明，舒　芬撰

　　嘉靖32年（1553）刊本

　　19.4×13.7cm　10行20字　四周單欄　花口

120 **歐陽南野先生文集**30卷　　　　　　　　　　　　　51-77
　　明，歐陽德撰
　　嘉靖37年（1558）刊本
　　20×15.2cm　10行20字　四周單欄　花口　單魚尾

121 **吳康齋先生集**12卷　首 1卷　　　　　　　　　　　51-91
　　明，吳與弼撰
　　咸豐11年（1861）崇仁謝氏刊本
　　20.7×14.8cm　10行21字　左右雙欄　花口　單魚尾

122 **陸桴亭先生遺書**22卷　　　　　　　　　　　　　　51-129
　　明，陸世儀撰
　　光緒25年（1899）刊本
　　13.7×11.1cm　10行20字　左右單欄　白口　單魚尾

123 **劉子全書遺編**24卷　首 1卷　　　　　　　　　　　51-131
　　明，劉宗周撰
　　光緒18年（1892）刊本
　　17.9×13.8cm　12行22字　左右雙欄　花口　單魚尾

124 **劉子全書**40卷　首 1卷　　　　　　　　　　　　　51-132
　　明，劉宗周撰
　　道光15年（1835）
　　17.6×13.7cm　12行22字　左右雙欄　花口　單魚尾

125 **念菴羅先生全集**24卷　附 1卷　　　　　　　　　　51-134
　　明，羅洪先撰
　　雍正元年（1723）刊本
　　19.7×13.1cm　9行20字　四周雙欄　花口　單魚尾

126 **念菴羅先生集**13卷　　　　　　　　　　　　　　　15-81
　　明，羅洪先撰　　　　　　　　　　　　　　　　　（貴重書）

嘉靖43年（1564）刊本

20.7×14.2cm　11行20字　四周單欄　花口　單魚尾

127　**金忠節公文集** 8卷　　　　　　　　　　　　座春風40

明，金　聲撰

光緒14年（1888）刊本

18.6×13.1cm　9行20字　左右雙欄　花口　單魚尾

128　**高子遺書**12卷　附錄 1卷　　　　　　　　支哲51-109

明，高攀龍撰　　　　　　　　　　　　　　　（貴重書）

崇禎4年（1631）刊本

21×14.5cm　9行19字　四周單欄　花口　單魚尾

129　**羅近溪全集** 7種　　　　　　　　　　　　51-110

明，羅汝芳撰　　　　　　　　　　　　　　　（貴重書）

明，萬曆間刊本

20.5×14cm　9行18字　四周單欄　花口　單魚尾

130　**鄒東廓先生文集**12卷　首 1卷　　　　　　51-88

明，鄒守益撰　　　　　　　　　　　　　　　（貴重書）

清，安成佑啓堂刊本

21.2×13.1cm　9行24字　左右雙欄　花口　單魚尾

131　**遜志齋集**24卷　附 1卷　　　　　　　　　33-112

明，方孝孺撰　　　　　　　　　　　　　　　（貴重書）

正德2年（1507）刊本

18.9×13.2cm　10行20字　四周單欄　白口

132　**李氏焚書** 6卷　　　　　　　　　　　　　51-157

明，李　贄撰　　　　　　　　　　　　　　　（貴重書）

明刊本

22.9×15.4cm　9行20字　四周單欄　花口　單魚尾

133　**養一齋集**26卷　首 1卷　　　　　　　　　　　　　　　中哲33–4

　　清，潘德輿撰

　　道光29年（1849）刊本

　　19.7×13.7cm　10行22字　四周雙欄　花口　單魚尾

134　**授經堂遺集** 220卷　　　　　　　　　　　　　　　　東史33–6

　　清，洪亮吉撰

　　光緒3年（1877）授經堂重刊本

　　19.2×14.4cm　11行22字　左右雙欄　黑口　雙魚尾

135　**研經室集**40卷　　　　　　　　　　　　　　　　　　支哲33–8

　　清，阮　元撰

　　道光3年（1823）文選樓刊本

　　19.2×14.3cm　10行20字　四周雙欄　花口　單魚尾

136　**曝書亭集**80卷　附錄 1卷　　　　　　　　　　　　　33–11

　　清，朱彝尊撰

　　清末會稽陶闇重刊本

　　18.9×13.3cm　12行23字　左右雙欄　白口　單魚尾

137　**鹿州全集** 7集　42卷　　　　　　　　　　　　　　支文33–17

　　清，藍鼎元撰

　　雍正10年（1732）閑存堂刊本

　　13.4×10.1cm　10行22字　四周單欄　白口　單魚尾

138　**西堂全集**61卷　　　　　　　　　　　　　　　　　　33–18

　　清，尤　侗撰

　　清，康熙間文富堂刊本

　　17.6×14cm　10行21字　四周單欄　花口　單魚尾

139　**笠翁一家言全集** 2種　16卷　　　　　　　　　　　　33–25

　　清，李　漁撰

　　雍正8年（1730）世德堂刊本

　　19.7×12.9cm　9行20字　四周單欄　花口　單魚尾

140　**閒情偶寄**16卷　　　　　　　　　　　　　　37B–13

　　清，李　漁撰

　　康熙10年（1672）翼聖堂刊笠翁秘書本

　　18.4×12.8cm　9行20字　四周單欄　花口

141　**舒藝室雜著賸稿** 9種　　　　　　　　　　支哲33–31

　　清，張文虎撰

　　同治13年（1874）金陵冶城賓館刊本

　　17.2×12.4cm　11行21字　四周雙欄　黑口　單魚尾

142　**曾文正公全集** 156卷　首 1卷　　　　　　　33–34

　　清，曾國藩撰

　　光緒2年（1876）傳忠書局刊本

　　20.6×14cm　10行24字　左右雙欄　黑口　單魚尾

143　**巢經巢遺文** 5卷　　　　　　　　　　　　支文33–40

　　清，鄭　珍撰

　　光緒19年（1893）資州官署貴筑高氏刊本

　　18×13.1cm　9行22字　左右雙欄　花口　單魚尾

144　**姜先生全集**33卷　首1卷　附錄2卷　　　　33–41

　　清，姜宸英撰

　　光緒15年（1889）毋自欺齋刊本

　　17.4×13.1cm　10行20字　左右雙欄　花口　單魚尾

145　**鬱華閣遺集** 4卷　　　　　　　　　　　　33–43

　　清，盛　昱撰

　　光緒31年（1905）刊本

　　19.7×13.6cm　8行19字　左右雙欄　黑口　單魚尾

146　**石遺室詩集** 3卷　　　　　　　　　　　　33–46

清，陳　衍撰

光緒31年（1905）武昌刊本

17.1×12.3cm　11行22字　左右雙欄　白口　單魚尾

147　**湛園未定稿**　　　　　　　　　　　　　　33–47

清，姜宸英撰

清，二老閣刊本

19.1×14.4cm　10行20字　左右雙欄　花口　單魚尾

148　**漁洋山人精華錄箋注**12卷　　　　　　　　33–52

清，王士禎撰　金　榮注

清，寶華樓刊本

18.1×15cm　11行，大字20，小字30字　左右雙欄

白口　單魚尾

149　**漁洋山人精華錄訓纂**10卷　　　　　　　　33–55

清，王士禎撰　惠　棟編

光緒17年（1891）南皮張氏校刊本

18.9×14.7cm　10行21字　四周雙欄　花口　單魚尾

150　**蠶尾集**10卷　　　　　　　　　　　中哲33–372

清，王士禎撰　　　　　　　　　　　支文35–37

康熙35年（1696）刊本（兩部）

16.5×13.4cm　10行19字　左右雙欄　黑口　單魚尾

151　**劉海峰文集** 8卷　詩集11卷　　　　支文33–57

清，劉大櫆撰

同治13年（1874）刊本

17.3×14.4cm　12行24字　四周單欄　白口　雙魚尾

152　**惜抱軒文集**16卷　後集10卷　首　1卷　　33–58

清，姚　鼐撰

光緒9年（1883）桐城徐宗亮刊本

14.5×10.8cm　10行21字　左右雙欄　黑口　雙魚尾

153 **柏梘山房集**31卷　　　　　　　　　　　　　　33-67

清，梅曾亮撰

咸豐6年（1856）刊本

17.9×13.9cm　10行21字　四周雙欄　花口　單魚尾

154 **李文忠公全集**　6種　165卷　首1卷　　　　東史33-79

清，李鴻章撰

光緒34年（1908）金陵刊本

20.1×15.2cm　12行25字　左右雙欄　白口　單魚尾

155 **有正味齋駢體文**24卷　　　　　　　　　　　支哲33-98

清，吳錫麟撰

清刊本

19.2×14.1cm　12行24字　四周單欄　黑口　雙魚尾

156 **卷施閣全集**　4種　48卷　　　　　　　　　支文33-99

清，洪亮吉撰

乾隆60年（1795）貴陽節署刊本

19.7×14.2cm　11行22字　四周單欄　黑口　雙魚尾

157 **道古堂全集**77卷　　　　　　　　　　　　　33-100

清，杭世駿撰

光緒14年（1888）汪氏振綺堂刊本

18.7×13.3cm　10行21字　左右雙欄　白口　單魚尾

158 **雙樹生詩草**　1卷　　　　　　　　　　　　　33-101

清，林　鎬撰

咸豐元年（1851）刊本

清，馬際醒撰

嘉慶22年（1817）刊本

18.8×16.7cm　10行20字　四周雙欄　花口　單魚尾

166 **東滇文集**6卷　外集4卷　後集14卷　文外集 2卷　　　支哲33–191

清，姚　瑩撰

同治6年（1867）刊本

18×12.9cm　12行22字　左右雙欄　花口　單魚尾

167 **湘綺樓文集** 8卷　**詩集**14卷　　　　　　　　　　　　支文33–203

清，王闓運撰

光緒33年（1907）長沙刊本

19×12.9cm　10行21字　左右雙欄　黑口　雙魚尾

168 **樊榭山房全集**10冊　附 2冊　　　　　　　　　　　　中文33–436

清，厲　鶚撰

光緒10年（1884）汪氏振綺堂刊本

16.6×11.6cm　11行21字　左右雙欄　黑口　單魚尾

169 **甌北集**50卷　　　　　　　　　　　　　　　　　　　33–473

清，趙　翼撰

嘉慶17年（1812）湛貽堂刊本

17.8×14cm　11行21字　左右雙欄　花口　單魚尾

170 **昨非集**4卷　附1卷　　　　　　　　　　　　　　　　支文35–12

清，劉熙載撰

光緒3年（1877）刊本

18.4×13.4cm　11行21字　左右雙欄　花口　單魚尾

171 **吳梅村詩集箋注**18卷　　　　　　　　　　　　　　　35–36

清，吳偉業撰　吳翌鳳注

光緒10年（1884）湖北官書處重刊滄浪吟榭本

17.7×13.3cm　10行21字　左右雙欄　花口　單魚尾

172　**白田草堂存稿** 8卷　　　　　　　　　　　　　　　支哲51-66

清，王懋竑撰

光緒20年（1894）廣雅書局刊本

21.2×15.6cm　11行24字　四周單欄　黑口　單魚尾

173　**白田草堂存稿**24卷　　　　　　　　　　　　　　　51-95

清，王懋竑撰

乾隆17年（1752）刊本

17.5×13.4cm　12行22字　左右雙欄　花口　單魚尾

174　**拙修集**10卷　續編 4卷　　　　　　　　　　　　　51-79

清，吳廷棟撰

同治10年（1877）六安求我齋刊本

續編光緒9年（1883）刊，版式同

18×12.9cm　11行21字　左右雙欄　黑口　雙魚尾

175　**穆堂先生初稿**50卷　　　　　　　　　　　　　　　51-115

清，李　紱撰

雍正10年（1732）刊本

19.7×14.6cm　12行23字　左右雙欄　花口　單魚尾

176　**穆堂先生別稿**50卷　　　　　　　　　　　　　　　51-166

清，李　紱撰

乾隆12年（1747）奉國堂刊本

18.4×14.3cm　12行23字　左右雙欄　花口　單魚尾

177　**李二曲先生全集**26卷　附錄 1卷　　　　　　　　　51-130

清，李　顒撰

清，石陽彭家麟重刊本

18.2×13.2cm　10行24字　四周單欄　花口　單魚尾

嘉慶元年（1796）刊本

19.4×14.3cm　10行20字　四周單欄　白口

185 **定盦全集**3卷　續集4卷　　　　　　　　　　　39–10

清，龔自珍撰

宣統元年（1909）國學扶輪社排印本

17.2×12.1cm　13行30字　四周雙欄　黑口　單魚尾

186 **洪北江集**　222卷　　　　　　　　　　　　　39–11

清，洪亮吉撰

光緒15年（1889）授經堂刊湖北官書處印本

18.9×13.8cm　11行22字　左右雙欄　黑口　雙魚尾

187 **見在龕雜作存稿**7卷　附稿2卷　　　　東史39–19

清，濮文暹撰

宣統3年（1911）山東藝文局排印本

18.3×12.3cm　10行24字　四周雙欄　花口　單魚尾

總集類

001 **文選**60卷　　　　　　　　　　　　　支文34–20

梁，蕭　統撰

萬曆6年（1578）冰玉堂刊本

20.2×15.3cm　9行18字　四周雙欄　白口　單魚尾

002 **同上**　　　　　　　　　　　　　　　34–32

嘉靖28年（1549）刊本

24×18.7cm　11行18字　左右雙欄　白口

003 **同上**　　　　　　　　　　　　　　　34–48

弘治元年（1488）刊本

　　　22.6×15cm　10行22字　四周雙欄　黑口　雙魚尾

004　**文選李善注**60卷　　　　　　　　　　　　　　　34–26

　　　唐，李　善撰

　　　清，鄱陽胡克家據宋淳熙本重刊

　　　20.9×13.8cm　10行21字　左右雙欄　白口　單魚尾

005　**文選集釋**24卷　　　　　　　　　　　　　　　34–25

　　　清，朱　珔撰

　　　光緒元年（1875）涇川朱氏梅村家塾刊本

　　　19×12.7cm　10行21字　四周雙欄　花口　單魚尾

006　**文選旁證**46卷　　　　　　　　　　　　　　　34–41

　　　清，梁章鉅撰

　　　道光18年（1838）刊本

　　　20.5×15cm　12行24字　左右雙欄　花口　單魚尾

007　**玉臺新詠箋注**10卷　　　　　　　　　　　　　34–17

　　　陳，徐　陵撰

　　　光緒5年（1879）宏達堂刊本

　　　17.7×13.5cm　10行21字　四周雙欄　花口　單魚尾

008　**寒山拾得詩等**　殘，存一冊　　　　　　　　　高瀨集9

　　　唐，寒山等撰

　　　光緒11年（1885）金陵刻經處刊本

　　　17×12.9cm　10行21字　左右雙欄　小黑口

009　**古文苑**　9卷　　　　　　　　　　　　　　　支文34–6

　　　宋，韓元吉編

　　　光緒5年（1879）飛青閣刊本

　　　19.8×15.6cm　10行18字　左右雙欄　黑口　單魚尾

010　**同上**　　　　　　　　　　　　　　　　　　34–42

清末據宋淳熙本重刊本

版式同上

011　**續古文苑**20卷　　　　　　　　　　　　　　34–11

清，孫星衍編

光緒9年（1883）江蘇書局刊本

17×11.1cm　11行24字　左右雙欄　白口　單魚尾

012　**唐文粹**　100卷　　　　　　　　　　　　支哲34–14

宋，姚　鉉編

萬曆46年（1618）建陽刊本

21×14.9cm　10行20字　四周單欄　花口　單魚尾

013　**同上**　　　　　　　　　　　　　　　　支文34–16

光緒16年（1890）杭州許氏榆園刊本

18.2×13.1cm　14行25字　左右雙欄　黑口　單魚尾

014　**文苑英華**1000卷　　　　　　　　　　　　34–27

宋，李　昉等編

隆慶元年（1567）福建刊本

20.9×15.7cm　11行22字　四周單欄　花口　單魚尾

015　**宋文鑑**　150卷　　　　　　　　　　　　　34–47

宋，呂祖謙編

弘治17年（1504）五經堂刊本

21.8×14.6cm　10行20字　四周單欄　花口　單魚尾

016　**三蘇全集**　8種　　　　　　　　　　　　　34–69

宋，蘇　洵等撰

道光13年（1833）刊本

19.7×14.3cm　9行25字　左右雙欄　黑口　雙魚尾

017　**才調集**10卷　　　　　　　　　　　　　　34–52

　　　　蜀，韋　　穀編

　　　　康熙43年（1704）宛委堂刊本

　　　　18.1×12.9cm　8行19字　左右雙欄　白口　單魚尾

018　**唐人五十家小集**50卷　　　　　　　　　　　　　　34-73

　　　　宋，不著編人

　　　　光緒21年（1895）元和江氏靈鶼閣影刻南宋書棚本

　　　　17.1×13cm　10行18字　左右雙欄　白口　單魚尾

019　**二程先生書**51卷　　　　　　　　　　　　　　　支哲51-67

　　　　宋，程　　頤等撰

　　　　隆慶4年（1570）刊本

　　　　22.1×15.5cm　10行21字　四周雙欄　花口　單魚尾

020　**漢魏六朝一百三家集** 103種　　　　　　　　　　支文34-1

　　　　明，張　　溥編

　　　　清刊本

　　　　18.8×13.9cm　9行18字　左右雙欄　花口　單魚尾

021　**媚幽閣文娛**不分卷　　　　　　　　　　　　　　34-39

　　　　明，鄭元勳編

　　　　崇禎3年（1630）刊本

　　　　20.5×14.3cm　9行20字　四周單欄　花口　單魚尾

022　**古樂苑**52卷　首 1卷　　　　　　　　　　　　　34-29

　　　　明，梅鼎祚編

　　　　萬曆19年（1591）刊本

　　　　21.1×15cm　10行21字　左右雙欄　花口　單魚尾

023　**翠娛閣評選皇明十六家小品**16種　　　　　　　　34-51

　　　　明，陸雲龍編

　　　　明，崇禎間崢霄館刊本

　　20.5×14cm　9行19字　四周單欄　花口　單魚尾

024　**唐詩品彙**90卷　拾遺10卷　　　　　　　　　　　34–43

　　明，高　秉編

　　成化13年（1477）江西刊本

　　21.8×15.5cm　10行20字　左右雙欄　白口　單魚尾

025　**古今詩刪**34卷　　　　　　　　　　　　　　　35–59

　　明，李攀龍編

　　明，金陵張敬疇刊本

　　19.4×14cm　11行20字　四周單欄　花口　單魚尾

026　**詩刪**23卷　　　　　　　　　　　　　　中文35–109

　　明，李攀龍編

　　明末刊雙色套印本

　　20.4×14.7cm　9行19字　四周單欄　白口

027　**詩紀**　156卷　　　　　　　　　　　　　支文35–10

　　明，馮惟訥撰

　　萬曆40年（1612）刊本

　　20.8×14cm　9行19字　左右雙欄　花口　單魚尾

028　**全唐詩**　900卷　　　　　　　　　　　　　34–2

　　清，曹　寅編

　　康熙45年（1706）刊本

　　16.5×11.7cm　11行21字　左右雙欄　小黑口　雙魚尾

029　**同上**　900卷　　　　　　　　　　　　　　34–10

　　光緒元年（1875）雙峰書屋刊袖珍本

　　13.8×10.6cm　11行21字　左右雙欄　花口　單魚尾

030　**全唐文**1000卷　　　　　　　　　　　　　34–3

　　清仁宗敕編

光緒27年（1901）廣雅書局刊本

20.3×14cm　13行26字　四周單欄　花口　單魚尾

031 **湖海文傳**75卷　　　　　　　　　　　　　　　　　　34-4

清，王　昶編

道光17年（1837）經訓堂刊本

18×13.3cm　12行23字　左右雙欄　黑口　雙魚尾

032 **金文雅**16卷　　　　　　　　　　　　　　　　　　34-5

清，莊仲方編

道光21年（1841）刊本

20×15.3cm　9行20字　四周雙欄　花口　單魚尾

033 **六朝古文** 6種　　　　　　　　　　　　　　　　　34-7

不著編人

光緒9年（1883）江蘇書局刊本

19.5×14.1cm　14行25字　左右雙欄　白口　單魚尾

034 **古文辭類纂**74卷　　　　　　　　　　　　　　　　34-8

清，姚　鼐編

乾隆44年（1779）合河康氏家塾刊本

18.4×13.6cm　13行22字　左右雙欄　黑口　雙魚尾

035 **續古文辭類纂**28卷　　　　　　　　　　　　　　　34-88

清，黎庶昌編

光緒16年（1890）金陵書局刊本

20.5×15.2cm　12行25字　左右雙欄　白口　單魚尾

036 **兩浙輶軒錄**40卷　　　　　　　　　　　　　　　　34-12

清，阮　元編

嘉慶 6年（1801）仁和朱氏碧溪草堂，錢塘陳氏種榆

　　仙館同刊

18.9×14.4cm　12行23字　左右雙欄　花口　單魚尾

037 **元百家詩集**10集　　　　　　　　　　　　　　　　34-13
清，顧嗣立編
康熙33年（1694）顧氏秀野草堂刊本
18.1×13.9cm　13行23字　左右雙欄　小黑口　單魚尾

038 **元詩選癸集**10卷　　　　　　　　　　　　　　　34-137
撰人，版式同上
清，席氏掃葉山房補刊秀野草堂刊本

039 **唐宋詩醇**47卷　　　　　　　　　　　　　　支哲34-15
清高宗敕編
乾隆16年（1751）內府四色套印本
19.4×14.2cm　9行19字　四周單欄　花口　單魚尾

040 **同上**　　　　　　　　　　　　　　　　　支文34-149
清刊本
版式同上

041 **唐宋文醇**58卷　　　　　　　　　　　　　　支哲34-16
清高宗敕編
乾隆3年（1738）內府刊四色套印本
18.9×14.2cm　9行22字　四周單欄　花口　單魚尾

042 **明詩綜** 100卷　　　　　　　　　　　　　　支文34-18
清，朱彝尊編
康熙44年（1705）六峰閣刊本
18.8×14.4cm　11行21字　左右雙欄　白口　單魚尾

043 **古詩源**14卷　　　　　　　　　　　　　　　　34-19
清，沈德潛編
光緒17年（1891）湖南思賢書局刊本

17.4×12.7cm　9行21字　左右雙欄　黑口　雙魚尾

044 **唐詩百名家全集** 299卷　　　　　　　　　　　34-28

清，席啓寓編

康熙41年（1702）琴川書屋刊本

16.6×13.5cm　10行18字　左右雙欄　白口　單魚尾

045 **全上古三代秦漢三國六朝文**15集　　746卷　　　34-30

清，嚴可均編

光緒20年（1894）黃岡王氏義莊刊本

20.7×14.3cm　13行25字　四周單欄　黑口　單魚尾

146 **六朝文絜** 4卷　　　　　　　　　　　　　　34-31

清，許　槤編

道光5年（1825）享金寶石齋雙色套印本

17.3×11.6cm　9行18字　左右雙欄　黑口　單魚尾

047 **彩霞仙館新賦彙鈔** 4卷　　　　　　　東史34-38

清，胡金瑞、席振起合編

道光8年（1828）隆盛堂刊本

14.6×9.7cm　9行25字　四周單欄　白口　單魚尾

048 **唐賢三昧集箋注** 3卷　　　　　　　　支文34-44

清，王士禎編　吳　煊、胡　棠合注

光緒9年（1883）翰墨園據聽雨齋本重刊雙色套印本

16.9×13.8cm　10行21字　四周雙欄　花口　單魚尾

049 **國朝詩別裁集**36卷　　　　　　　　　　34-55

清，沈德潛編

乾隆24年（1759）刊本

16.8×13.5cm　10行19字　左右雙欄　花口　單魚尾

050 **御選唐詩**32卷　　　　　　　　　　　　34-70

清，陳敬廷等奉敕編

康熙52年（1713）刊雙色套印本

19×12.6cm　7行18字　四周雙欄　花口　單魚尾

051　**八代詩選**20卷　　　　　　　　　　　　34-71

清，王闓運編

清末章氏經濟堂刊本

17.8×13.2cm　10行22字　左右雙欄　花口　單魚尾

052　**三十家詩鈔**　6卷　首　1卷　　　　　　34-72

清，曾國藩編

同治13年（1874）刊本

18.1×12.4cm　10行25字　左右雙欄　花口　單魚尾

053　**唐詩百家選**　6卷　　　　　　　　　　34-83

清，黃世杰編

光緒16年（1890）黃氏家塾刊本

17.5×12.8cm　9行20字　左右雙欄　黑口　單魚尾

054　**玉堂才調集**不分卷　　　　　　　　　34-101

清，不著編人

清刊本

18.5×13.9cm　10行21字　左右雙欄　花口　單魚尾

055　**古唐詩合解**12卷　　　　　　　　　　35-67

清，王堯衢編

光緒20年（1894）京都文成堂刊本

19.4×14.1cm　10行21字　四周雙欄　花口　單魚尾

056　**瀛奎律髓刊誤**49卷　　　　　　　　　34-80

清，紀　昀撰

乾隆36年（1771）侯官李氏刊本

16.4×13.7cm　10行19字　左右雙欄　花口　雙魚尾

057　**貴池二妙集**51卷　　　　　　　　　　　　　33–172

　　清，劉世珩編

　　光緒26年（1900）刊本

　　16.8×13cm　13行23字　左右雙欄　黑口　單魚尾

詩文評類

001　**文心雕龍**10卷　　　　　　　　　　　　　支哲34–4

　　梁，梁　勰撰

　　道光13年（1833）兩廣節署刊雙色套印本

　　18.1×13.2cm　10行21字　左右雙欄　花口　單魚尾

002　**同上**　　　　　　　　　　　　　　　　支文35–32

　　明刊本　　　　　　　　　　　　　　　　（貴重書）

　　20.6×12.5cm　8行20字　四周單欄　花口　單魚尾

003　**文心雕龍白文**4卷　注4卷　　　　　　　　35–24

　　梁，劉　勰撰

　　萬曆40年（1612）吳興凌氏五色套印本

　　21.2×15.1cm　9行19字　四周單欄　花口

004　**文心雕龍輯注**10卷　　　　　　　　　　　34–25

　　梁，梁　勰撰　　清，黃叔琳輯注

　　乾隆3年（1738）養素堂刊本

　　15.7×11.3cm　9行19字　左右雙欄　白口　單魚尾

005　**唐詩紀事**81卷　　　　　　　　　　　　　35–9

　　宋，計有功撰

　　明末汲古閣刊本

　　　19.2×13.6cm　8行19字　左右雙欄　花口

006　**冰川詩式**10卷　　　　　　　　　　　　　　　　35-14

　　　明，梁　橋撰

　　　萬曆38年（1610）刊本

　　　20×14.1cm　10行20字　左右雙欄　花口　單魚尾

007　**宋詩紀事** 100卷　　　　　　　　　　　　　　支哲35-5

　　　清，厲　鶚撰

　　　乾隆11年（1746）刊本

　　　19.6×14.4cm　11行22字　左右雙欄　小黑口　單魚尾

008　**明詩紀事**12集　　　　　　　　　　　　　　　35-7

　　　清，陳　田撰

　　　光緒23年（1897）貴陽陳氏聽詩齋刊本

　　　19×14.5cm　11行23字　左右雙欄　白口　單魚尾

009　**帶經堂詩話**30卷　首　1卷　　　　　　　　支文35-69

　　　清，王士禎撰

　　　乾隆25年（1760）刊本

　　　18.3×13.9cm　12行23字　左右雙欄　黑口　單魚尾

010　**杜詩論文**56卷　　　　　　　　　　　　　　　33-68

　　　清，吳興祚撰

　　　康熙11年（1672）刊本

　　　20.2×14.4cm　9行22字　左右雙欄　花口

011　**三躍鯉**不分卷　　　　　　　　　　　　　　高瀨集69

　　　清，金佐基撰

　　　同治12年（1873）青雲樓刊本

　　　11.7×8.3cm　9行25字　左右雙欄　花口　單魚尾

012　**五彩鳳**不分卷

　　　撰人、刊年、版式同上

013　**四照犀**不分卷　　　　　　　　　　　　　集70

　　　撰人、刊年、版式同上

詞曲類

001　**樂府雅詞**6卷　　拾遺2卷　　　　　　　　　　支文36A-3

　　　宋，曾　慥撰

　　　咸豐3年（1853）粵雅堂叢書本

　　　13.2×10cm　9行21字　左右雙欄　黑口

002　**陽春白雪**8卷　　外集1卷　　　　　　　　　　36A-3

　　　宋，趙聞禮撰

　　　刊年版式同上

003　**樂典**36卷　　　　　　　　　　　　　　　　36A-6

　　　明，黃　佐撰

　　　康熙21年（1682）刊本

　　　18.5×13.5cm　10行20字　左右雙欄　花口

004　**宋名家詞**61種　　　　　　　　　　　　　　36A-4

　　　明，毛　晉編

　　　清，味閒軒覆刊汲古閣本

　　　18.6×14.5cm　8行18字　左右雙欄　花口

005　**詞學全書** 4種　14卷　　　　　　　　　　　36A-1

　　　清，查培繼編

　　　乾隆11年（1764）世德堂刊本

　　　17.3×13.6cm　10行20字　四周單欄　花口　單魚尾

006　**同上**　　　　　　　　　　　　　　　　　　36A-2

　　　乾隆11年（1764）致和堂刊本

　　　17.9×12.6cm　9行20字　四周單欄　花口　單魚尾

007　**詞綜**30卷　　　　　　　　　　　　　　　　　　36A–5

　　　清，汪彝尊編

　　　康熙17年（1678）刊本

　　　19.1×14.1cm　10行21字　左右雙欄　黑口　單魚尾

008　**詞苑叢談**12卷　　　　　　　　　　　　　　　　36A–7

　　　清，徐　釚撰

　　　康熙27年（1688）蛾術堂刊本

　　　17×12.2cm　9行20字　左右雙欄　花口　單魚尾

009　**四印齋所刻詞**20種　　　　　　　　　　　　　　36A–9

　　　清，王鵬運編

　　　光緒14年（1888）王氏家塾刊本

　　　14.3×10.9cm　10行18字　左右雙欄　花口　單魚尾

010　**納書楹曲譜正集**4卷　續集4卷　外集 2卷　　　36B–3

　　　清，葉　堂撰

　　　乾隆57年（1792）納書楹刊本

　　　19.2×14cm　12行18字　四周雙欄　花口　單魚尾

011　**納書楹四夢全譜** 4種　　　　　　　　　　　　　36B–4

　　　作者，刊年，版式同上

012　**嘯餘譜**12種　　　　　　　　　　　　　　　　　36B–5

　　　清，張漢重訂

　　　康熙61年（1722）聖雨齋刊本

　　　20.4×15.3cm　9行20字　四周單欄　花口　單魚尾

013　**六十種曲**60種　　　　　　　　　　　　　　　　36A–28

　　　明，毛　晉編

　　　清，覆汲古閣刊本

　　　20.1×13cm　9行19字　左右雙欄　花口

014　**淨土傳燈歸元鏡** 2卷　　　　　　　　　　　　　東史37A-9

　　　清，智　達撰

　　　清刊本

　　　20.5×14.8cm　10行20字　四周單欄　花口　單魚尾

015　**蔣刻九種曲** 9種　　　　　　　　　　　　　　　37A-11

　　　清，蔣士銓編

　　　清，紅雪樓刊本

　　　17×13.7cm　9行22字　四周單欄　花口　單魚尾

016　**玉獅堂傳奇**10種　　　　　　　　　　　　　　支哲37A-12

　　　清，陳　烺等編

　　　光緒11年（1885）刊本

　　　18.2×13.2cm　9行22字　四周雙欄　花口　單魚尾

017　**出像目連全傳** 3卷　　　　　　　　　　　　　東史37A-14

　　　清，鄭之珍撰

　　　咸豐9年（1859）經國堂刊本

　　　18.3×12.3cm　10行24字　四周單欄　花口　單魚尾

018　**倚晴樓七種曲** 7種　　　　　　　　　　　　　支文37A-16

　　　清，黃燮清撰

　　　清刊本

　　　16.8×12.3cm　9行22字　左右雙欄　花口　單魚尾

019　**笠翁十種曲**10種　　　　　　　　　　　　　　　37A-17

　　　清，湖上笠翁編

　　　清刊本

　　　20×14.5cm　11行22字　四周單欄　花口　單魚尾

020 **惺齋新曲六種** 6種　　　　　　　　　　　　　　　　　　支哲37A-18

　　清，夏　綸編

　　乾隆17年（1752）世光堂刊本

　　19.7×14.3cm　10行20字　四周單欄　白口　單魚尾

021 **醉怡情** 6卷　　　　　　　　　　　　　　　　　　　　　37A-19

　　清，菰蘆釣叟編

　　清，致和堂刊本

　　21.2×13.8cm　10行25字　四周單欄　白口　單魚尾

022 **藏園九種曲** 9種　　　　　　　　　　　　　　　　　　　37A-21

　　清，蔣士銓撰

　　清，漁古堂刊本

　　18×13cm　9行22字　四周單欄　花口　單魚尾

023 **綴白裘合集** 1種　　　　　　　　　　　　　　　　　　東史37A-23

　　清，錢德蒼編

　　乾隆35年（1770）刊本

　　16.4×10.4cm　9行20字　左右雙欄　白口　單魚尾

024 **補天石傳奇** 8種　　　　　　　　　　　　　　　　　　　37A-25

　　清，鍊情子撰

　　道光10年（1830）靜遠草堂刊本

　　18.6×13.2cm　6行16字　四周雙欄　花口　單魚尾